Carl Loewes Goethe-Vertonungen

Eine Analyse ausgewählter Lieder im Vergleich mit der Berliner
Liederschule und Franz Schubert

von

Hsiao-Yun Kung

Tectum Verlag
Marburg 2003

Kung, Hsiao-Yun:
Carl Loewes Goethe-Vertonungen.
Eine Analyse ausgewählter Lieder im Vergleich mit der Berliner Liederschule und
Franz Schubert.
/ von Hsiao-Yun Kung
- Marburg : Tectum Verlag, 2003
ISBN 978-3-8288-8463-2

© Tectum Verlag

Tectum Verlag
Marburg 2003

nono gewidmet

Inhaltsverzeichnis

I Vorbemerkung 5
   1. Ziel der Arbeit 5
   2. Literaturbericht 6
   3. Quelle: Gesamtausgabe, Werkverzeichnis 10

II Einleitung 12
   1. Eine kurze Biographie 12
   2. Loewe als Balladenkomponist 18
   3. Die Liedästhetik zu Loewes Zeit 22
   3.1 Die zweite Berliner Liederschule 23
   3.2 Die Schwäbische Liederschule 26

III Loewes Liedschaffen im Überblick 27
   1. Dichter und Textauswahl 28
   2. Loewe und Goethe 33
   3. Die Goethe-Lieder 35

IV **Musikalische Analyse und vergleichende Betrachtung der ausgewählten Goethe-Lieder von Loewe, Schubert und der Berliner Liederschule** .. 40
   1. Wandrers Nachtlied (Über allen Gipfeln) 40
   2. Ich denke dein (Nähe des Geliebten) 49
   3. Nur wer die Sehnsucht kennt 58
   4. Meine Ruh' ist hin 66
   5. Ach neige, du Schmerzenreiche 77
   6. Auf dem See 85

V Schlußbemerkung 96

Ausgabe 104

Literatur 104

I Vorbemerkung

1996 war das zweihundertste Geburtsjahr von Carl Loewe (1796-1869). Nur zwei Monate älter als Schubert, den er allerdings um eine ganze Generation überlebte, ist er auch ein Zeitgenosse von Schumann und Brahms. Als früh anerkannter Komponist hat Loewe neben Oratorien, Opern und Kammermusik vor allem zahlreiche Lieder und Balladen geschrieben. Wenn man den 15. Oktober 1814, an dem Tag, wo Schubert "Gretchen am Spinnrade" schrieb, als den Geburtstag des deutschen romantischen Liedes bezeichnet, fing Loewe gerade in dieser Zeit an, Lieder zu komponieren und brachte schon bald beachtliche Leistungen hervor. Seine Ballade "Erlkönig", die 1818, drei Jahre später nach der gleichnamigen Vertonung von Schubert entstand, ist überhaupt die einzige konkurrenzfähige neben Schuberts Meisterwerk.

Dieser damals hoch bejubelte "norddeutsche Schubert"[1] ist heute nur dank seiner Balladen nicht ganz in Vergessenheit geraten. Doch selbst diese einst sehr beliebten Balladen werden im heutigen Konzertprogramm von Liedern der großen romantischen Liedkomponisten wie Schubert, Schumann, Brahms, Wolf und Strauß verdrängt.

Man muß aber erkennen, daß Loewe in dem spezifischen Gebiet "Ballade" ein unbestrittener Meister ist, das heißt, nicht nur Wegweiser sondern auch Vollender. Verständlich wird daher, warum sich die Forschung vorwiegend mit dieser Gattung innerhalb Loewes Œuvre auseinander setzte, wohingegen seine Lieder bisher nur ungenügende Beachtung fanden. Es ist daher interessant zu fragen, warum Loewe diesen Erfolg der Balladen nicht auch auf die Liedkomposition zu übertragen vermochte und ob nicht doch einige seiner zahlreichen Lieder ein hohes künstlerisches Niveau erreicht haben.

1. Ziel der Arbeit

Um diese "Lücke" zu füllen, wird in vorliegender Arbeit versucht, durch ausführliche Analyse ausgewählter Lieder die Merkmale der Loeweschen Liedkompositionen festzustellen, um seine Position als Liedkomponist zu finden.

---

[1] Eine Einschätzung, die vermutlich von seinen eigenen Konzertberichten abgeleitet wurde und den großen Erfolg seiner Balladenabende vor dem Wiener Publikum referieren. Vgl. Brief vom Sep. 1844, Dr. Carl Loewes Selbstbiographie, hrsg. von C. H. Bitter, Berlin 1870/R1976, S. 353.

Wie sich zeigt, ist Goethe der wichtigste Textdichter für Loewes Liedschaffen. Mit besonderer Sorgfalt vertonte Loewe dessen Gedichte, so daß hier die bedeutendsten Liedkompositionen zu finden sind. Aus diesem Grund werden die anspruchsvollsten Goethe-Lieder für die Analyse herangezogen. Um seine Stellung deutlicher zu bestimmen dienen textgleiche Lieder von Reichardt und Zelter, Komponisten der Berliner Liederschule, sowie von Schubert zum Vergleich.

2. Literaturbericht

Die Forschungsliteratur zu Carl Loewe ist insgesamt von geringem Umfang. In der Literatur werden Loewes Schaffensgebiete zudem ungleichmäßig besprochen. Da Loewes größte künstlerische Leistung offenbar in den Balladenkompositionen besteht, konzentriert sich das Forschungsinteresse hauptsächlich darauf. Die Literatur zu Loewes übrigem Werk ist sehr mager.

Frühes und wichtiges Material zu Loewe ist der zeitgenössischen Kritik zu entnehmen, die vor allem in der von Schumann ins Leben gerufenen "Neuen Zeitschrift für Musik" veröffentlicht wurde. In der 1835 erschienenen Ausgabe bewertet Schumann Loewes Liederkompositionen mit ausgesprochen anerkennenden Worten[2]. Auch an einer Ankündigung des Loewe-Konzerts 1835 in Leipzig erkennt man Schumanns wohlwollende Einschätzung[3].

1842 bespricht Schumann Loewes Oratorium "Johann Huß" und unterzieht Loewes Komposition einer analytischen Kritik.

In derselben Zeitschrift gibt Gustav Nauenburg im Jahr 1835 die früheste biographische Skizze zu Loewe und macht eine bemerkenswerte Beobachtung zu dessen Balladenkunst. Nauenburgs Ansichten, daß "die Form der Gesänge lediglich durch den jedesmaligen Textinhalt bedingt" ist und daß die "Wahrheit des Ausdrucks ... Loewes höchstes Streben zu sein" scheint, geben eine bis heute aktuelle Bewertung.

Die von Carl Hermann Bitter 1870 herausgegebene Selbstbiographie Loewes gehört zu den wichtigsten biographischen Quellen. Auf sie stützt sich auch die nachfolgende Li-

---

[2] Die Liederkompositionen sind Legenden für eine Singstimme, op. 35 und op. 36, bzw. die Bergmannslieder, op.39, die im Jahre 1834 erschienen sind. R. Schumann: Kritik. Liederkompositionen von C. Löwe, in: Neue Zeitschrift für Musik, 1835 I, Nr.24, S. 95-96.

[3] Schumann: Karl Loewe, in: gesammelten Schriften über Musik und Musiker, Hrsg. von M. Kreisig, Leipzig 1875, Bd.II, S. 354 -355.

teratur. Sie enthält Auszüge aus Loewes Korrespondenzen und zahlreiche Tagebuchblätter. Diese bilden den größten Teil dieser Selbstbiographie und geben reichlich Auskunft über seine Konzertreisen. Es ist jedoch bedauernswert, daß Loewes Erinnerung in der Selbstbiographie nur bis zum Anfang seiner Tätigkeit in Stettin überliefert ist und angesichts seines Erzählstils vielen kleineren Ereignissen eine genaue zeitliche Angabe fehlt.

Ende des neunzehnten und Anfang des zwanzigsten Jahrhunderts widmen sich mehrere Musikforscher dem Leben und Schaffen Loewes.

August Wellmers[4] und Heinrich Bulthaupts[5] Bücher können gut zur Einführung in Loewes Leben und Werk dienen. Sie legen ihren Schwerpunkt auf die Balladen und Oratorien Loewes.

Max Runze erweist sich als Vorkämpfer und Schwärmer für Loewes Kunst. Er setzt sich entschieden für Loewes Werke ein und leitet die Edition der Loeweschen Gesamtausgabe der Balladen, Legenden, Lieder und Gesänge vom Jahr 1899 bis 1904. Seine in den Jahren 1884[6] und 1905[7] erschienenen Schriften zielen zwar auf die Würdigung von Loewes Anliegen, beruhen jedoch nicht auf einer wissenschaftlichen Basis. Seine subjektive Sehweise dominiert.

Philipp Spittas oft erwähnter und zitierter Aufsatz über die "Ballade" aus dem Jahre 1894 wird hochgeschätzt und gilt allgemein als geistvolle, historisch saubere und begründete Arbeit[8]. Er nimmt Loewe zum Ausgangspunkt, geht auf die geschichtliche Entwicklung der Ballade ein und gelangt dadurch zu aufschlußreichen Betrachtungen.

Das in englischer Sprache im Jahre 1896 erschienene Buch "The Art Ballad" von A. B. Bach stellt die Loewesche und Schubertsche Ballade jeweils für sich dar. Ein vergleichendes Ergebnis hat es jedoch nicht zu bieten.

Karl Anton veröffentlicht 1912 sein Buch "Beiträge zur Biographie Carl Loewes". Darin gibt er eine umfassende biographische Darstellung sowie eine ausführliche Betrachtung von Loewes Oratorien. Die Arbeit wird ergänzt durch die bis dahin vollständigste Loewe-Bibliographie.

---

[4] A. Wellmer, Carl Loewe. Ein deutscher Tonmeister, Leipzig 1886.
[5] H. Bulthaupt, Carl Loewe. Deutschlands Balladencomponist, Berlin 1898.
[6] M. Runze, Carl Loewe, eine ästhetische Beurteilung, in: Sammlung musikalischer Vorträge, 5. Reihe, Nr.58, Leipzig 1884.
[7] M. Runze, Carl Loewe, Leipzig 1905.
[8] Vgl. H. Engel, S. 86.

In der 1913 erschienenen Dissertation "Beiträge zur Ästhetik und Geschichte der Loeweschen Balladen" von Hans Kleemann werden zunächst die Balladenkompositionen von Loewes Vorgängern und Zeitgenossen flüchtig behandelt. Nach einer mehr ins Detail gehenden musikalischen Analyse der Loeweschen Balladen hebt er um so mehr dessen großes Verdienst um neue Ausdrucksmöglichkeiten der Balladenvertonung hervor.

Otto Altenburg veröffentlicht 1924 einen fünfundvierzigseitigen Aufsatz "Carl Loewe. Beiträge zur Kenntnis seines Lebens und Schaffens" und betrachtet Loewes Leben hauptsächlich aus dem Blickwinkel einer Frau Tilebein, die mit Loewe eng befreundet war. Tilebeins Briefe berichten schwärmerisch über Loewes künstlerische Tätigkeit.

Unter dem Titel "Carl Loewe. Überblick und Würdigung seines Schaffens" veröffentlicht Hans Engel 1934 in dem von ihm begründeten Vereinsmitteilungsblatt "Musik in Pommern" eine gewichtige Abhandlung zum Loeweschen Werk. Er teilt es in drei Hauptgattungen ein, nämlich Klavierwerke, Oratorien, Lieder und Balladen. Über die größeren Liedergruppen Loewes gibt er auch eine Gesamtbewertung.

Die Loewe-Literatur kennt freilich noch viele weitere, kleinere Artikel und Aufsätze, von denen hier nur einige erwähnt werden sollen.

In dem schon zu Loewes Lebzeiten erschienenen achtseitigen Artikel "Karl Löwe, der Romantiker" (1860) charakterisiert A. W. Ambros Loewes Ballade und bemerkt daran seine einseitige künstlerische Entwicklung.

Viele Autoren versuchen, das Wesen der Loeweschen Balladen zu erfassen, wie z. B. an Plüddemanns[9] und Vetters[10] Aufsätzen deutlich wird.

Aus Anlaß des 100. Geburtstages Loewes entsteht der Beitrag "Karl Loewe, der Meister der Ballade" von A. Niggli, in dem Loewes Leben und die Grundzüge seiner Balladenkomposition dargestellt werden.

Karl Antons Artikel "Aus Karl Loewes noch unveröffentlichter Lehre des Balladengesangs. Ein Beitrag zur Geschichte und Psychologie des Vortrags" bezieht sich auf Aspekte der Vortragskunst .

Abgesehen von Schriften, die sich unmittelbar auf Loewe beziehen, erscheint der Komponist auch in allgemeinen Darstellungen zur Musikgeschichte - wenn auch meist

---

[9] Martin Plüddemann, Karl Loewe, in: Bayreuther Blätter 15 (1892), S. 318-336.
[10] Walther Vetter, Zu Carl Loewes Balladenstil, in: Mythos-Melos-Musica I, Leipzig 1957, S. 185-191.

mit nachrangiger Behandlung. In der 1988 erschienenen "Pommerschen Musikgeschichte" von Werner Schwarz (in ihrem ersten Teil) wird über einige von Loewe aufgeführte Konzerte in Stettin berichtet. In dem 1994 erschienenen zweiten Teil befindet sich ein zwanzigseitiger biographischer Abriß "Carl Loewe". Vor allem an der Literatur zur Geschichte des deutschen Liedes läßt sich Loewes Bedeutung für die Ballade ablesen: beispielsweise an den Arbeiten August Reißmanns[11], Hans Joachim Mosers[12] und Werner Oehlmanns[13].

Neben den oben genannten Arbeiten finden sich noch vergleichende Studien, die Loewe in Verbindung mit anderen Komponisten bringen. In der von Franz Szymichowski verfaßten Dissertation "Johann Rudolf Zumsteeg als Komponist von Balladen und Monodien" (1932) verdient das Kapitel "Zumsteeg und Loewe" Beachtung wegen ihrer vergleichenden Untersuchung. Anhand konkreter musikalischer Nachweise werden die Einflüsse von Zumsteegs Balladen auf Loewes Balladen aufgezeigt. Ein Vergleich einzelner Parallelvertonungen ist z. B. auch in Georgiades[14] und Rosenwalds[15] Schriften zu finden.

Daraus ist stets ersichtlich, daß die verschiedenen Autoren großes Gewicht auf Loewes Balladen legen. Die Untersuchungen zu Loewes Oratorien und Instrumentalwerken sind zwar nicht völlig marginal, fallen aber doch gegenüber den Balladenbesprechungen deutlich ab[16].

Eine spezielle Arbeit über Loewes Lieder ist jedoch nicht vorhanden. Sie werden höchstens in einer Gesamtbetrachtung der Loeweschen Werke kurz gestreift oder nur am Rande berücksichtigt. Die Forschungslage ist gerade hier unbefriedigend.

---

[11] Das deutsche Lied in seiner historischen Entwicklung, Cassel 1861.
[12] Das deutsche Lied seit Mozart, Berlin 1937.
[13] Reclam Liedführer, Stuttgart 1973.
[14] Georgiades, Thrasybulos G., Schubert. Musik und Lyrik, Göttingen 1967.
[15] Rosenwald, Hermann, Das deutsche Lied zwischen Schubert und Schumann, Diss. Heidelberg 1929.
[16] Zu nennen sind z. B. L. Hirschbergs "Carl Loewes Instrumentalwerke" (in: Schriften über Musik IV, Hildburghausen 1919), A. Wellmers "Die geistliche, insonderheit die geistliche Oratorienmusik unseres Jahrhunderts" (Hildburghausen 1885) und R. Dusellas "Die Oratorien Carl Loewes" (Diss. Bonn 1991).

3. Quelle: Gesamtausgabe, Werkverzeichnis

Der Arbeit liegt die von Max Runze im Jahre 1904 abgeschlossene Gesamtausgabe als Primärquelle zugrunde. Diese Gesamtausgabe der Loeweschen Balladen, Legenden, Lieder und Gesänge besteht aus insgesamt siebzehn Bänden.

Runze hatte eine Fülle von Kompositionen zu edieren, ohne aber im Fach der Musikwissenschaft ausgebildet zu sein. Die Qualität der Gesamtausgabe ist darum fragwürdig. Engel kritisiert sie als "..inkonsequent, willkürlich und dilettantisch"[17].

Die Anordnung der Lieder ist weithin planlos. Sie folgt Gattungskriterien uneinheitlich und unübersichtlich. Der erste Band besteht - zunächst einem chronologischen Gesichtspunkt folgend - aus Liedern der Jugendzeit und dann wieder aus Kinderliedern, die merkwürdigerweise im sechzehnten Band unter dem gleichen Titel nochmals auftauchen. Der zweite Band enthält die bisher unveröffentlichten und vergessenen Lieder, Gesänge, Romanzen und Balladen. Der dritte bis zehnte Band umfassen Loewes Balladenkompositionen, zu denen im sechsten Band der Liederkreis "Bilder des Orients" hinzukommt, neben zwei Liederkreisen in Balladenform, nämlich "Esther" und "Der Bergmann", die jeweils im siebten und zehnten Band eingeordnet sind. Der elfte und zwölfte Band werden unter dem Titel "Goethe und Loewe", nach dem Namen des Dichters, gesondert zusammengefaßt[18]. Der dreizehnte und vierzehnte Band besteht aus Legenden. Im fünfzehnten Band werden Lieder vereinigt unter dem Titel "Lyrische Fantasien, Allegorien, Hymnen und Gesänge". Damit werden gewöhnlich aber keine Liedgattungen bezeichnet. Es sind mit dem Inhalt verbundene Titel. Der sechzehnte Band heißt "Das Loewesche Lied" und der siebzehnte enthält Loewes "Liederkreise".

Die Unterteilung folgt meistens dem textlichen Inhalt. Ausnahmen finden sich aber in den Legendenbänden (13 und 14), die nach der Entstehungszeit der Werke geordnet sind. Die verschiedenen Überschriften - wie "Nachtgesänge", "Gesänge der Sehnsucht" oder "Geisterballaden", "Balladen aus Thier- und Blumenwelt" - erscheinen oft irritierend. Die Idee zu dieser Einteilung könnte jedoch von Loewe selbst stammen, da Loewe das aus mehreren Liederheften bestehende Opus 9 unter einigen solcher Titel eingeteilt und zusammengestellt hat. Bei Loewe scheint es sich allerdings bloß um eine Überschrift für die verschiedenen Liederhefte zu handeln. Außerdem hat der Heraus-

---

[17] H. Engel, S. 107, 108.

geber noch manche unnötige Bezeichnung wie "Sagen", "Märchen" zur Unterteilung von Balladen wie "Der Nöck", "Die verfallene Mühle"[19] eingeführt.

In vielen Fällen werden die Lieder und Balladen auch falsch kategorisiert. Beispielsweise wird die lyrische Hymne "Ganymed" von Goethe zu den Großlegenden und Großballaden (Bd.12), die Ballade "Die Uhr" von Uhland zu den Allegorien (Bd.15) gerechnet. Die drei Gesänge[20] aus den zusammengehörigen "Hebräischen Gesängen" von Byron werden als "Gesichte" (Bd.8) von den übrigen getrennt. Ein plausibler Grund wird jedoch nicht genannt. Aus der Luft gegriffen erscheint auch die Zusammensetzung der Liederkreise. Im Band 17 stellt Runze mit den zu gleichen Dichtern oder zur gleichen Opuszahl gehörenden Liedern willkürlich acht Liedergruppen zusammen.

Ein Vorwort steht jedem Band voran und die Notizen zu den einzelnen Nummern folgen. Im kritischen Bericht macht diese Gesamtausgabe ebenfalls einen schlechten Eindruck. Über den Herausgeber ergeht das Urteil von Hans Engel, wonach Runze "mit zu wenig Wissen und Können, und ohne jeden kritischen Blick an seinen Stoff heranging, zudem ohne Plan und zuweilen schrullig"[21].

Zuletzt sei noch darauf hingewiesen, daß sich die meisten Handschriften Loewes seinerzeit im Besitz des Herausgebers oder verschiedener Verleger befunden haben[22]. Die meisten nachgelassenen Werke werden in der Staatbibliothek zu Berlin (Preußischer Kulturbesitz) aufbewahrt[23].

In der Selbstbiographie findet sich ein vollständiges Verzeichnis der Werke Loewes, das Dr. Franz Espagne 1870 in Berlin zusammengestellt hat. Die gedruckten Werke mit Opuszahl reichen bis 145. Das Verzeichnis zu Opus 1 bis 60 mit Zeitangabe hat Loewe selbst angefertigt. Auch die gedruckten Werke ohne Opuszahl und die bis 1870 noch ungedruckten Werke sind verzeichnet. 1886 erschien noch das "Verzeichniss sämtlicher gedruckten Werke Dr. Carl Loewes" von Bruno Scheithauer.

---

[18] Meiner Ansicht nach ist diese Anordnung zwar nicht konsequent, aber sinnvoll, da die Goethe-Lieder und Balladen im gesamten Liedschaffen Loewes eine bedeutende Stelle einnehmen.
[19] Im Band IX der Gesamtausgabe.
[20] Sie sind "Belsazar's Gesicht" (op.13, Nr.2), "Saul und Samuel" (op.14, Nr.1) und "Eliphas Gesicht" (op.14, Nr.2).
[21] Engel, S. 86.
[22] Runzes Angabe wurden vor rund 90 Jahren gemacht.
[23] GA, Band I, S.4.

II Einleitung

1. Eine kurze Biographie

Als Sohn eines Kantors wurde Johann Carl Gottfried Loewe am 30. November 1796 in Löbejün geboren. Er war der Jüngste unter den zwölf Geschwistern und hatte einen großen Altersabstand zu den Eltern und älteren Geschwistern[24]. Loewe wuchs in bürgerlichem, christlichem Elternhaus auf. Die Religion hatte großen Einfluß auf Loewe, sowohl in musikalischer als auch in moralischer Hinsicht.

Loewe erhielt seinen ersten musikalischen Unterricht wohl von seinem Vater, Andreas Loewe. Die evangelischen Choräle waren dem kleinen Loewe ein Nährboden, auf dem sich "sein musikalisches Talent glücklich entfalten" konnte[25]. In seiner Kindheit war er außerdem eng mit der Natur verbunden, die ihm viel Freude brachte und seine lebhafte Phantasie mächtig anregte[26]. Das lebendige, kräftige Naturgefühl und die innige Vertrautheit mit der Natur spielten eine große Rolle in seinen Leben und Schaffen. Aus der Liebe für die Natur entwickelte sich frühzeitig "eine poetische Richtung mit vorherrschender Neigung zum Romantischen"[27].

Im Jahre 1807 verließ Loewe sein Elternhaus und besuchte die lutherische Chorschule zu Köthen. Der (aus sechzehn Schülern bestehende) Chor besorgte die Aufführung der Kirchenmusik für die Stadt und pflegte das Kurrende-Singen gegen freie Kost und Logis für die Schüler[28].

Zwei Jahre später trat Loewe in die von der Franke'schen Stiftung getragenen Schule in Halle ein. Durch den von Daniel Gottlob Türk[29] (1756-1813) geleiteten Chor erweiterte der junge Loewe seinen musikalischen Gesichtskreis und erwarb sich ein stattliches Opern-Repertoire. Unvergessen blieb ihm während dieser Zeit ein Gastspiel der Weimarer Theatergruppe mit Stücken von Goethe und Schiller. Durch das Engagement im Türk'schen Chor und den Besuch bei den Opernabenden bekam Loewe Zu-

---

[24] Die Mutter war beinahe 50 Jahre alt, als sie Loewe zur Welt brachte. Siehe Runze, S. 2.
[25] Siehe Loewes Selbstbiographie, S. 6.
[26] In der Selbstbiographie werden z. B. die Kohlenbergwerke, die Geisterwelt und die von der Mutter erzählenden Märchen erwähnt. Siehe Loewes Selbstbiographie, S. 2 ff.,10 ff.
[27] Schillings Universal-Lexicon, S. 452.
[28] Vgl. die Selbstbiographie, S. 20-22.
[29] Türk war als Universitäts-Musikdirektor, Professor in Halle tätig.

gang zu den dramatischen Dichtungen. Eine Stelle aus der Selbstbiographie lautet: "Deutlich empfand ich den sittlichen und hochpoetischen Boden, auf dem diese gewaltige Jugendarbeit [Die Räuber] des großen Dichters [Schiller], nicht weniger seine und Goethe's später folgende Stücke erwachsen sind. Wenn man mir im Verlauf meiner Künstlerbahn eine glückliche Wahl der Texte für eigene Kompositionen zugesprochen hat, so verdanke ich dies sichere Urteil hierfür gewiss jenen Eindrücken, welche die so vollkommene Darstellung der großen Meisterwerke auf mich gemacht hatte"[30].

Um seine musikalische Bildung zu fördern, erteilte ihm sein Lehrer Türk vom 1811 bis 1813 intensiven Privatunterricht in Theorie und Komposition. In der Selbstbiographie beschrieb Loewe voller Begeisterung Türks vielseitige Tätigkeit und sein beachtliches Können als Musiker. Aber seine konservative und pedantische Methode schienen Loewe allmählich nicht mehr zu befriedigen.

Als Solosänger in einer Aufführung erregte der junge Loewe die Aufmerksamkeit des damaligen Königs Jérôme von Westfalen. Zur Unterstützung seiner musikalischen Ausbildung wurde ein Stipendium von jährlich 300 Talern und eine Reise nach Italien bewilligt. Infolge des Rußlandfeldzugs im Jahre 1812, der König Jérôme außer Landes führte, konnte dieser Plan jedoch nicht verwirklicht werden. Dies bedeutete auch die Unterbrechung der Schulzeit und seiner gerade begonnenen künstlerischen Laufbahn. Die ersten Kompositionen erschienen im Jahre 1813 mit den Opuszahlen 1 und 2[31], die allerdings später (1818) wegen des zeitlichen Bruchs durch andere Kompositionen ersetzt wurden.

Nach der Fortsetzung der Ausbildung und seinem Abschluß begann Loewe im Jahre 1817 mit dem Theologie- und Philosophiestudium an der Universität Halle. Diese wissenschaftliche Ausbildung war später in Loewes Verwendung von Stoffen des klassischen Altertums und in seiner Behandlung religiöser Stoffe wiederzuerkennen[32]. Während der Studienzeit nahm Loewe an der von Türks Nachfolger Naue gegründeten Singakademie und an dem von Adolf Bernhard Marx (1795-1866) geleiteten Gesangsquartett-Zirkel teil. Als vortrefflicher Solotenor erkannt, konnte sich hier seine Gesangskunst zu noch größerer Perfektion entfalten.

---

[30] Loewes Selbstbiographie, S. 35.
[31] Die Romanze "Clothar" von Friedrich Kind und das "Gebet des Herrn und die Einsetzungsworte" im liturgischen Stil wurden 1812 komponiert und 1813 in Halle zum Druck gebracht.
[32] Vgl. Schillings Lexicon, S. 453.

Zu dieser Zeit stand Loewes Umgang mit den Hochgebildeten und Gleichgesinnten im Zeichen sowohl eines regen geistigen, als auch musikalischen Austausches. Im Haus des Staatsrats von Jacob fanden regelmäßige Versammlungen statt, von deren geistreichen Unterhaltungen über Literatur und Kunst Loewe beträchtlich profitierte[33]. Loewe lernte hier die zweite Tochter des Gastherrn, Julie von Jacob kennen und vermählte sich im Jahre 1820 mit ihr[34].

Im zweiten Universitätsjahr 1818 kamen die ersten Balladenkompositionen "Erlkönig" (op.1, Nr.3) und „Edward" (op.1, Nr.1) zustande, mit denen Loewe sofort einen Durchbruch erreichte.

Nach Loewes erfolgreicher Bewerbung wurde er 1820 als Kantor an der St. Jacobi-Kirche und als Lehrer an das Marienstiftsgymnasium nach Stettin berufen. Eine von den Stettiner Behörden verlangte Prüfung bei Zelter erwies Loewes große musikalische Fähigkeiten im Orgelspielen, Komponieren und vom Blatt Singen. 1821 wurde er zum königlichen und städtischen Musikdirektor ernannt. Mit diesem neueingerichteten Amt übernahm er "das Orgelspiel und die musikalische Leitung des Gottesdienstes, sowie die Aufführung von Kirchenmusik an allen Festen, ferner den musikalischen Unterricht am Gymnasium und Seminar in wöchentlich 18 Stunden" mit reichem Gehalt[35]. Dieser Aufstieg verschaffte ihm zwar hohes Ansehen, nahm ihn aber sehr in Anspruch.

In Stettin entfaltete Loewe eine vielfältige Tätigkeit in verschiedenen Richtungen. Er bildete einen Chor und ein Orchester, gründete später einen Gesangverein mit 100 Chormitgliedern für größere Aufführungen. Loewe erwarb sich erhebliche Verdienste um die Förderung des Musiklebens in Stettin. Mit bedeutenden Konzertaufführungen bot er der Pommerschen Hauptstadt ein reiches Musikprogramm. Es war ein großes, jedoch wenig genanntes Ereignis, daß Loewe am Karfreitag 1831 die Matthäuspassion von Bach in Stettin aufgeführt hatte. Es handelt sich um die dritte Wiederaufführung nach ihrer Entdeckung[36]. Neben den Werken von Bach, Haydn und Beethoven führte

---

[33] Vgl. die Selbstbiographie, S. 63-65.
[34] Doch schon 1823 starb Julie von Jacob an der Geburt ihres Sohnes. 1825 heiratete Loewe die als Sängerin und Malerin tätige Auguste Lange. Aus dieser Ehe gingen vier Töchter hervor; eine von ihnen starb 1851.
[35] Siehe Selbstbiographie, S.83. Das Gehalt betrug 850 Taler und steigerte sich erst 1850 auf 1150 Taler.
[36] M. Geck, Die Wiederentdeckung der Matthäuspassion im 19. Jahrhundert, Regensburg 1967, S. 97-99.

er auch Werke von zeitgenössischen Komponisten auf [37]. Außerdem leitete er die Aufführungen seiner eigenen größeren Werke. Viele seiner Oratorien fanden damals großen Widerhall. Beispielsweise dirigierte Loewe 1835 bei dem großen Musikfest zu Mainz sein Oratorium "Die eherne Schlange" mit 700 Männerstimmen und erlangte durchschlagenden Erfolg. Dies hatte er nicht zuletzt auch Ludwig Giesebrecht (1792-1873) zu verdanken, der die meisten Texte für Loewes Oratorien geliefert hatte [38]. Er war nicht nur Kollege, sondern auch enger Freund und für Loewes Schaffen von großer Bedeutung [39].

Ferner widmete sich Loewe mit großer Hingabe seiner Lehrtätigkeit und arbeitete in pädagogischer Absicht eine Gesangslehre aus [40], die schon zu seinen Lebzeiten in vier Auflagen gedruckt wurde. 1851 gab er noch zwei theoretische Schriften heraus [41].

Neben der Tätigkeit für seine Ämter unternahm Loewe in seiner freien Zeit zahlreiche Konzertreisen in viele Städte Deutschlands und ins Ausland, wobei er auch als Balladensänger auftrat [42]. Es mag sein, daß er durch solche Reisen seine Kunst verbreiten wollte oder der Absicht folgte, seine gewohnte Umgebung durch eine andersartige, erfrischende zu beleben.

In einem Brief an seine Frau berichtete er über seine Balladenabende, die er bei einem längeren Aufenthalt (im August) 1844 in Wien gab: daß die Wiener "bei meinen Sa-

---

[37] Wie z. B. 1827 Beethovens 9. Symphonie und Mendelssohns "Sommernachtstraum-Ouvertüre", 1832 Haydns "Schöpfung", 1841 Schuberts C-Dur-Symphonie, 1844 die "Johannespassion".

[38] Insgesamt 9 Oratorien komponierte Loewe von Giesebrecht, zudem noch zahlreiche Kantaten- und Liedertexte.

[39] Giesebrecht wirkte von 1816 bis 1867 als Professor am Gymnasium zu Stettin. In der Selbstbiographie sagte Loewe: "Von allem Guten, das mir Stettin geboten hat, war mir für meine künstlerische Thätigkeit die Nähe und der Umgang mit Giesebrecht die werthvollste Gabe". Siehe die Selbstbiographie, S. 86.

[40] "Gesang-Lehre. Theoretisch und praktisch für Gymnasien, Seminarien und Bürgerschulen" ist 1826 in Stettin erschienen.

[41] "Klavier und General-Bass-Schule" wurde in zweiter Auflage im Jahre 1851 gedruckt. "Musikalischer Gottesdienst. Methodische Anweisung zum Kirchengesange und Orgelspiel" ist 1851 erschienen.

[42] 1833 reiste Loewe z. B. nach Berlin, um sein Oratorium "Die sieben Schläfer" in der Berliner Singakademie zu dirigieren. Im Sommer 1835 machte er eine große Konzertreise nach Dresden und Leipzig, wo er seine Balladen vortrug. Im Sommer 1837 unternahm er eine größere Tournee nach Greifswald, Stralsund, Hamburg, Lübeck, Münster, Jena. Weitere Konzertreisen unternahm er 1838 nach Königsberg und Danzig, 1839 nach Frankfurt a.d. Oder, Breslau, Prag, 1845 nach Magdeburg, Halberstadt, Braunschweig, Hannover. 1846 Thüringen. 1847 sang Loewe sogar vor der Königin Victoria in London.

chen wie in einen Zauberkreis gebannt wären" und "setzen mich über ihre besten Sänger, über ihren besten Schubert"[43]. Diese hohe Wertschätzung kam vermutlich aus seiner hinreißenden Vortragskunst. Loewe war ein Künstler, der seine eigenen Balladen als Sänger und Klaviervirtuose "mit unwiderstehlicher Lebendigkeit vorzutragen wußte"[44]. Er verfügte nicht nur über eine vollendete Gesangtechnik, sondern muß sich auch ganz in die szenische Atmosphäre vertieft haben können[45]. Diese Vortragskunst wurde später nur von seinem Schüler Eugen Gura (1842-1906), einem hervorragenden Balladensänger, weitergetragen.

Loewe war auch ein Meister der Improvisation. In einem Konzert improvisierte er Goethes "Zauberlehrling" auf Wunsch des Fürsten Radziwill unter großem Beifall[46]. Angesichts eines solchen Vermögens kann man sich nicht schwer vorstellen, daß es Loewe gelingen konnte, beim Komponieren die musikalische Inspiration direkt aufs Papier zu bringen. In der Selbstbiographie schrieb er "ich habe nie das Ändern an meinen Arbeiten geliebt. Manches blieb in ihnen zu wünschen übrig, doch wie einmal das Manuscript lautete, so muß es bleiben, ich war nie im Stande auch nur eine Note zu ändern"[47].

Bis Loewe 1866 einen schweren Schlaganfall erlitt und das Amt aufgab, hat er 46 Jahre in Stettin gewirkt. Danach ging die Familie nach Kiel, wo Loewe am 20. April 1869 starb.

Betrachtet man das gesamte musikalische Schaffen Loewes, so kann man feststellen, daß er sich hauptsächlich mit Vokalmusik beschäftigte. Sein reiches Vokalschaffen erstreckt sich von kleineren Liedern, Gesängen, Balladen, Legenden, Motteten bis hin zu Duetten, Kantaten, Männerchören und Kompositionen für gemischten Chor.

Insgesamt 17 Oratorien sind von Loewe überliefert, obwohl manche richtiger als große Kantaten bezeichnet werden könnten. Loewes Oratorien zeichnen sich durch den küh-

---

[43] Brief vom 4. Aug. 1844, Siehe Loewes Selbstbiographie, S. 353. Vgl. noch S. 340-358.
[44] Reclams Liedführer, S. 325.
[45] "Objektiv vortragen ... ist nur zu erreichen, indem man sich selbst vergißt und sich gänzlich in den Gedanken vertieft, Du sollst nicht dich stellen, sondern die zu belebende, längst entschwundene Erscheinung in neuen Umschwung bringen. Solche dramatische Kraftaufwendung setzt alle Bedingungen vollendeter Gesangskunst voraus". K. Anton, "Aus Loewes noch unveröffentlichter Lehre des Balladengesangs", S. 237.
[46] 1831 in Berlin, Siehe die Selbstbiographie, S. 133.
[47] Selbstbiographie, S. 42.

nen Einsatz der dramatischen Elemente aus, wodurch sie die traditionellen Grenzen der Gattung überschreiten.

Von seinen sechs Opern wurde nur "Die drei Wünsche" gedruckt und aufgeführt. Ein Grund dafür mag die fehlende Bühnenwirksamkeit seiner Opern sein, da Loewe wenig Erfahrung mit der Bühnenwelt hatte.

Unter seiner Instrumentalmusik finden sich oft programmatisch angelegte Werke[48]. Die Mehrzahl davon sind charakteristische Klavierkompositionen. Außerdem schuf er 2 Sinfonien, 3 Klavierkonzerte, 3 Streichquartette, ein Trio und 5 Sonaten.

In der Musikgeschichte besitzt Loewe eine Sonderstellung. Er gilt als ein Komponist, der auf eigenartigen Wegen zu seiner Entfaltung gekommen ist. Er hat in den beiden Bereichen "Ballade" und "Oratorium" ein zahlenmäßig großes Oeuvre, Bahnbrechendes, Originelles und Eigentümliches geschaffen. Kompositorisch gesehen haben sie nur eine lockere Bindung zu der Tradition und hinterlassen auch kaum eine eindeutige Wirkung. Die anderen weniger fruchtbaren Schaffensbereiche Loewes verblassen im Vergleich zu den anderen großen Komponisten. Man muß aber dabei bedenken, daß Loewe als Komponist günstige Arbeitsbedingungen vorfand und trotz des umfangreichen Amts ein beachtliche Zahl von Kompositionen erreichte.

Loewe machte dabei zwar Bekanntschaft mit einigen zeitgenössischen Komponisten[49], stand jedoch nur in einer oberflächlichen Beziehung zu ihnen. Das bezeugt der spärliche Briefverkehr mit ihnen. Es ist merkwürdig, daß sich Größen der Romantik wie Schumann und Wagner viel mit Loewes Werk beschäftigten und ihm große Beachtung schenkten. Dagegen äußerte sich Loewe kaum über sie. Er hatte eine sehr distanzierte und isolierte Haltung der zeitgenössischen Musik gegenüber.

Zu erwähnen ist noch die Hochschätzung von Loewes Balladen durch den preußischen König Friedrich Wilhelm IV., der ihn oft an den Hof lud und sich von ihm vorsingen

---

[48] Z. B. die "Abend-Fantasie" (op.11), "Alpenfantasie" (op.53) für Klavier und die Tondichtungen "Mazeppa" (op. 27), "Der barmherzige Bruder" (op.28), "Der Frühling" (op.48) ebenfalls für Klavier, sowie die "Biblischen Bilder" (op.96) für Klavier, die "Schottischen Bilder" (op.112) für Klavier und Klarinette.

[49] Der junge Loewe lernte den Liedkomponisten J. F. Reichardt durch seinen Lehrer Türk kennen und besuchte ihn in Giebichenstein oft. C. M. von Weber beggnete er bei dessen Konzert 1811 in Halle. Das Jahr 1819 führte ihn zu seiner Verlobten nach Dresden, wo er mit Weber wieder in Berührung kam. (S. 68) Bei Zelter legte Loewe die musikalische Prüfung ab. Auf seinen Konzertreisen schloß er die Bekanntschaft mit Spontini. Marschner, Mendelssohn und Schumann.

ließ[50]. Loewes patriotische Loyalität zum preußischen Königshaus lenkte seine Stoffwahl zuweilen in stark in nationalistische Bahnen[51].

Loewes künstlerisches Schaffen weist zwar eine eigenständige Entwicklung auf, war jedoch insgesamt betrachtet zeitgebunden. So bergen seine Werke in sich verschiedene Charakterzüge des Biedermeiers, des Historismus und der Romantik.

2. Loewe als Balladenkomponist

In Loewes künstlerischem Schaffen kommt den Balladen zweifellos die größte Bedeutung zu. Seine große Leistung in diesem Gebiet wurde sowohl quantitativ als auch qualitativ bestätigt. Überhaupt gilt Loewe als einer der größten Balladenkomponisten in der Geschichte des Liedes, da diese abgelegene Gattung durch ihn ihre höchste Aufwertung erfuhr. Sein größtes Verdienst liegt in der Ausbildung eines neuen Balladenstils und eine durch ihn geschöpfte neue Ausdrucksmöglichkeit. Da über Loewes Balladen eine Anzahl von Literaturen vorhanden ist, wird hier hauptsächlich versucht, einen summarischen Überblick über die Besonderheiten seiner Balladen zu geben.

Mit den Übersetzungen Herders kam die Balladendichtung von England nach Deutschland, entwickelte sich durch die Neuschöpfungen Bürgers zu einer literarischen Gattung[52] und erfuhr ihren Höhepunkt in der neuen deutschen Kunstballade durch Goethe, Schiller und Uhland. Sobald die Ballade sich etabliert hatte, erkannte man ihre Nähe zur musikalischen Ausdrucksform. Auch Goethe begriff die Ballade nicht ausschließlich als Dichtung, sondern sah die Idealform in ihrer Vertonung verwirklicht. Um die eindrucksvollste Wirkung zu erzielen, wies Goethe zudem auf die wichtige Rolle des Vortragenden, denn das "Geheimnisvolle der Ballade entspringt aus der Vortragsweise"[53]. Diesem Anspruch konnte Loewe in vollkommenster Weise

---

[50] Siehe Selbstbiographie, S. 98 ff., 144 ff.
[51] So entstanden seine zahlreichen Hohenzollern-Balladen und Kaiserballaden.
[52] Die im Jahre 1765 erschienene Sammlung "Reliques of ancient poetry" von altenglischen und schottischen Volksballaden hatte einen großen Einfluß auf die deutschen Kunstballaden ausgeübt. Herders musterhaften Übersetzungen aus dieser Sammlung wurden zum Standard erhoben. G. A. Bürgers "Lenore" im Jahre 1773 gilt als ein Muster dieser neu enstandene Gattung. Vgl. die Artikel "Ballade" im neuen MGG, Bd.1, S. 1143 ff.
[53] J. W. v. Goethe, Ballade. Betrachtung und Auslegung, in: Nachträge zu "Über Kunst und Altertum", Sophienausgabe, Bd.41, Weimar 1902, S.223.

gerecht werden, da er selbst ein hervorragender Balladensänger war und so den notwendigen Ausdruck im eigenen Vortrag prüfen und darzustellen vermochte.
Wie beim Lied galt es auch bei der Ballade zunächst das strophische Prinzip nachzuvollziehen und die gleiche ästhetische Forderung nach Simplizität und Volkstümlichkeit zu wahren. Hinsichtlich des Wort-Ton-Verhältnisses gibt es in der Ballade noch größere Schwierigkeit, da der Text vielgestaltiger ist (Erzähltion, Dialoge, Handlungs- und Situationsschilderung). Die älteren Balladenkompositionen begnügen sich mit einer Melodie, die bei jeder Strophe wiederholt wird[54]. Dies entspricht auch Bürgers Vorstellung, die sich in der Äußerung manifestiert: "Ich gebe mir Mühe, das Stück zur Composition zu dichten. Es sollte meine gröste Belohnung seyn, wenn es recht balladenmäßig und simpel componirt, und dann wieder in den Spinnstuben gesungen werden könnte"[55]. Diese einförmige Art schien jedoch sehr unbefriedigend, da sie den wechselhaften Inhalt und die dramatische Entwicklung zu wenig berücksichtigt. Einige Komponisten versuchten mit dem variierten Strophenlied dem epischen und dramatischen Duktus Rechnung zu tragen[56]. Andere wiederum wandten sich der Durchkomposition zu, wie etwa Johann Andrés (1741-1799) in seiner "Lenore" (1775). Allerdings setzte sich die durchkomponierte Ballade erst mit dem schwäbischen Komponisten Johann Rudolf Zumsteeg durch und gewann eine vorwärtsweisende Bedeutung. Sein Einfluß auf Loewe und besonders auf den jungen Schubert wurde mehrfach in der betreffenden Literatur erörtert[57].

Loewe trug während der Studienzeit an der Universität oft Zumsteegs Balladen vor und beschäftigte sich mit ihnen intensiv. Seine große Kenntnis über Zumsteegs Balladen offenbart sich in dem Urteil: "Tief ergriff mich die Musik dieses alten, mit Unrecht zurückgestellten Meisters. Ihre Motive sind charakteristisch und geistreich, sie folgen dem Gedicht mit vollkommener Treu. Freilich waren sie meist sehr aphoristischer Natur. Ich dachte mir, die Musik müsste dramatischer sein und unter ausgearbeiteten Motiven gestaltet werden, etwa so, wie ich meine Balladen zu setzen versucht

---

[54] Beispielsweise die Lenore-Vertonung von Friedrich Wilhelm Weis (1776), Georg Wilhelm Gruber (1780), Johann Philipp Kirnberger (1780) und Georg Friedrich Wolf (1781) sowie die Kompositionen von der zweiten Berliner Schule. Vgl. Friedlaender, Bd.2, S.218, Dürr, S. 182.
[55] Ein Brief vom 1773. Vgl. Briefe von und an Bürger, hrsg. von A. Strodtmann, I, Berlin 1874, S. 115.
[56] Etwa Christian Gottlob Neefes altenglische Ballade "Lord Heinrich und Rätchen" (1784), Reichardts "Lenore" von Bürger (1799) oder Zelters "Der Handschuh" von Schiller (1801) u. a.
[57] Die betreffende Literaturen sind z. B. bei Dürr und Szymichowski zu sehen.

habe.⁵⁸" Hier zeigt sich ein wesentlicher Unterschied zwischen den Zumsteegschen und Loeweschen Balladen. Da Zumsteeg versuchte, jeder Situation eine angemessene Musik zu geben, entstand ein fast verschwenderischer Reichtum an Motiven und Ideen. In den größeren Balladen Zumsteegs werden die verschiedenen Abschnitte von sich abwechselndenAriosi und Rezitativen dem deskriptiven Prinzip gemäß aneinandergereiht⁵⁹. In formaler Hinsicht sind solche Balladen oft unbefriedigend, da ein innerer Zusammenhalt des Ganzen fehlt. Unter "aphoristischer Natur" versteht man die tonmalerischen Details, die zwar einen dem Text adäquaten Ausdruck aufweisen, sich jedoch beziehungslos gegenüberstehen.

Der bedeutendste Fortschritt, den die Technik der Balladenkomposition hier durch Loewe erfuhr, liegt in der Vereinigung der strophischen mit der durchkomponierten Form. Ein wichtiges Verfahren bei der strophischen Behandlung ist die äußerste Ausnutzung eines charakteristischen Motivs oder Themas, das im Verlauf der Strophen in variierter oder umgestalteter Form wiederkehrt. Durch die Konzentrierung auf ein Grundmotiv oder wenige markante Motive gelangt "die ins Große übertragene variiert strophische Behandlung"⁶⁰ zu einer formalen Einheit.

Als eindrucksvolles Beispiel wäre hier "Der Erlkönig", seine erste Ballade, zu nennen, in der diese Technik schon in erstaunlicher Reife erscheint. Die Personen, Sohn, Vater und Erlkönig, erhalten eine jeweils eigene motivische Struktur, die dem dramatischen Fortgang entsprechend leicht variiert wird: Der Sohn bewegt sich in hoher Stimmlage, vorwiegend in Sekundschritten. Seine ängstliche Frage (Schrei) wird syllabisch und rezitativisch deklamiert.

Mein Va-ter, mein Va - ter, und hö - rest du nicht

Der Vater erhält einen weiteren Ambitus, dessen charakteristische Gerüstnoten, die I., IV. und V. Stufe (meist von e-moll), größere Intervallsprünge bedingen.

"Sei ru - hig, blei - - be ru - hig, mein Kind

---

⁵⁸ Selbstbiographie, S. 70 ff.
⁵⁹ Oft sind sie tonal aufeinander bezogen.
⁶⁰ Szymichowski, S. 49.

Das charakteristische Erlkönig-Motiv ist ein Naturklang, der aus einem gebrochenem Quartsextakkord in G-Dur besteht und sich erst bei der Drohung "und bist du nicht willig, so brauch ich Gewalt" nach g-Moll trübt.

Komm, lie - bes Kind, komm, geh' mit mir!

Die unheimliche Grundstimmung und das geisterhafte Kolorit liegen in der Begleitung mit einer durchgehaltenen Tremolobewegung, während der Baß die Leitmotive der Handlungsträger unterstützt.

Diese durch Leitmotivik geprägte Form, die allerdings nicht Loewes Eigenschöpfung ist, wie Spitta nachweist[61], zieht sich als durchgebildetes Prinzip durch den größten Teil seines Balladenwerkes, womit er "eine nur dem geborenen Dramatiker gegebene Einfühlung bekundet"[62].

Da die Ballade oft eine Begebenheit schildert, liegt es nahe, deren Stimmung tonmalerisch aufzugreifen. Diese Aufgabe fällt bei Loewe meist der Klavierbegleitung zu und zwar oftmals in virtuosem Spiel. So vermag er mit einer erstaunlichen Fülle von charakteristischen Motiven die verschiedenen Situationen, seien sie deskriptiver oder psychologischer Natur eindrucksvoll nachzuzeichnen.

Zur Kennzeichnung seines Balladenstils gehören noch die präzise rezitativische Deklamation, die psychologische Feinheit und der damit verbundene Affektenreichtum. Die musikdramatische Szene, die sich aus diesen Komponenten entwickelt, weist weit über die Grenzen der Gattung Ballade und kann sich zu einer psychologischen Studie entfalten, wie sie Wagner später in seinen Bühnenwerken verwirklichte[63].

---

[61] Vgl. Spitta, "Ballade", in: Musikgeschichtliche Aufsätze, S. 413 ff.
[62] Engel, S. 110.
[63] Engel betont Loewes Ausstrahlung auch auf andere Opernkomponisten wie von Weber, Marschner und Cherubini. Engel, S. 119.

3. Die Liedästhetik zu Loewes Zeit

In der Musikgeschichte des deutschsprachigen Raums machte das Lied von der zweiten Hälfte des achtzehnten Jahrhunderts bis zum neunzehnten Jahrhundert eine breite Entwicklung durch, die bei Schubert ihren Höhepunkt fand. Als musikalische Gattung spielte das Lied zuvor nur eine unbedeutende Rolle. Das Lied als Hauptgattung wurde von den Komponisten der "Berliner Liederschule" gepflegt, die man heute noch in eine erste und eine zweite untergliedert[64]. Historisch gesehen hatte die Berliner Liederschule eine breitere und länger anhaltende Wirkung als die ungefähr zur selben Zeit hervorgetretene süddeutsche "Schwäbische Liederschule". Künstlerisch gesehen hebt sich letztere von der Berliner Liederschule insofern ab, als sie in ausgeprägtem Maße volkstümliche und kunsthafte Stilmittel zu verbinden wußte.

Franz Schubert hob das Lied als Gattung endgültig auf das bisher höchste kunstmusikalische Niveau. Durch ihn erhielt das Lied den gleichen Rang eines vollwertigen Kunstgebildes wie die klassisch-traditionellen Gattungen. Zur Abgrenzung von vorangegangenen Liedkompositionen prägte die Musikwissenschaft den Begriff vom "deutschen Kunstlied"[65].

Die Entwicklung des Liedes hängt unlösbar mit dem Verhältnis zwischen Text und Musik zusammen, mit dem sich der Komponist auseinandersetzen mußte. Dies bedingte unterschiedliche Erscheinungsformen des Liedes, wie das Strophenlied, das variierte Strophenlied und das durchkomponierte Lied. Basis blieb jedoch immer das Strophenlied. Heinrich Christoph Koch definiert das "Lied" 1802 in seinem Musikalischen Lexikon: "Man bezeichnet überhaupt jedes lyrische Gedichte von mehreren Strophen, welches zum Gesang bestimmt, und mit einer solchen Melodie verbunden ist, die bey jeder Stophe wiederholt wird, und die zugleich die Eigenschaft hat, daß sie von jedem Menschen, der gesunde und nicht ganz unbiegsame Gesangorgane besitzt, ohne Rücksicht auf künstliche Ausbildung derselben, vorgetragen werden kann"[66]. Hier werden zwei Kriterien für ein Lied vorausgesetzt: das strophische Prinzip und die "Sangbarkeit" eines Liedes. Diese Voraussetzungen entsprechen grundsätzlich den

---

[64] Die erste rechnet man ungefähr um 1750-1770, die zweite um 1770-1814.
[65] Vgl. W. Dürr, Das deutsche Sololied im 19. Jahrhundert, S. 7.
[66] H. C. Koch, Musikalisches Lexikon welches die theoretische und praktische Tonkunst, encyclopädisch bearbeitet, alle alten und neuen Kunstwörter erklärt, und die alten und neuen Instrumente beschrieben enthält, hier zitiert nach in Offenbach bei Johann André erschienenen Ausgabe, Sp. 901.

liedästhetischen Forderungen der "mittleren Goethezeit"[67] und werden auch von den Liedkompositionen der Berliner Liederschule erfüllt.

3.1 Die zweite Berliner Liederschule

Johann Abraham Peter Schulz (1747-1800), Johann Friedrich Reichardt (1752-1814) und Karl Friedrich Zelter (1758-1832) waren die drei Hauptvertreter der zweiten Berliner Liederschule. Berlin war ihr Wirkungskreis und das Lied stand durchweg im Mittelpunkt ihres Kunstschaffens. Was die dichterische Grundlage betrifft, konnte die zweite Berliner Schule auf die neue deutsche Dichtung, die vom Göttinger Hainbund bis zur Weimarer Klassik reicht, zurückgreifen. Was die musikalischen Aspekte angeht, so hält sie - zumindest in der frühen Phase - an der strengen strophischen Form fest und verlangt eine möglichste "Einfachheit"[68] des Liedes.

Die Hauptaufgabe bei der Vertonung eines mehrere Strophen umfassenden Gedichtes besteht darin, eine für alle Strophen deklamatorisch korrekte Melodie zu finden, die der metrischen Struktur des Textes gerecht wird[69]. Dabei soll im allgemeinen eine "die rhetorische Deklamation genau wahrende, eine singbar überhöhte, akzentuierte Sprachmelodie"[70] entstehen, wie sie sich beim Vorlesen eines Gedichtes meist von selbst ergibt[71]. Schulz definiert die Melodie als eine Fortschreitung, die "sich nie über

---

[67] Dieser Begriff wurde von Joseph Müller-Blattau in die Diskussion um die Entwicklung der Liedästhetik und des Liedes eingebracht und bezeichnet die Zeit zwischen 1770 bis 1814. Siehe H. W. Schwab: Sangbarkeit, Popularität und Kunstlied. Studien zu Lied und Liedästhetik der mittleren Goethezeit 1770-1814, S. 15-16.

[68] Die "Einfachheit" oder die "Simplizität" gilt als eine der wichtigsten Normen für das Berliner Lied. Für die Komposition bedeutet dies Wiederholung und Periodenbildung unter dem Primat der Eingängigkeit. Diesen Begriff findet man oft in den damaligen theoretischen Schriften. Siehe z. B. Christian Gottfried Krause, Von der musikalischen Poesie, Berlin 1752. Johann Abraham Peter Schulz, Lieder im Volkston, Erster Theil. zweyte Auflage, Vorbericht, Berlin 1785.

[69] Reichardt verlangt, daß "die Melodie richtig spricht und angenehm singt, und das nicht nur für eine Strophe, sondern für alle". Reichardt: Oden und Lieder von Klopstock, Stolberg, Claudius und Hölty, Berlin 1779, Vorbericht.

[70] teilweise zitiert nach H. W. Schwab, S. 48.

[71] In dem Vorbericht von "Oden und Lieder von Klopstock, Stolberg, Claudius und Hölty" schreibt Reichardt: "Meine Melodien entstehen jederzeit aus wiederholtem Lesen des Gedichts von selbst, ohne daß ich darnach suche, und alles was ich weiter daran thue, ist dieses, daß ich sie so lang mit kleinen Abänderungen wiederhole, und sie nicht eh' aufschreibe, als bis ich fühle und erkenne, daß der grammatische, logische, pathetische und musikalische Akzent so gut miteinander verbunden sind, daß die Melodie richtig und angenehm singt, und das nicht für eine Strophe, sondern für alle". Auch Zelter berichtet darüber in einem Gespräch mit Eckermann: "Wenn ich ein Gedicht

den Gang des Textes erhebt, noch unter ihm sinkt, die, wie ein Kleid dem Körper, sich der Declamation und dem Metro der Worte angeschmiegt, die außerdem in sehr sangbaren Intervallen, in einem allen Stimmen angemeßnen Umfang, und in den allerleichtesten Modulationen fortfließt"[72]. Bestimmend ist der "wahre Charakter des Einklangs", durch solche Melodien, die "keiner zusammenklingenden Harmonie bedürfen oder auch nur Zulaß gestatten". Und weiterhin muß die Liedmelodie "für sich ohne alle Begleitung bestehen können"[73].

Angesichts einer solchen Forderung fragt man sich, wie autark sich das Strophenlied der mittleren Goethezeit vom Volkslied abhebt, da die Liedtheorie dieser Zeit kaum einen Unterschied zwischen komponierten Liedern und Volksliedern macht. Man war nämlich allgemein bestrebt, Lieder im "Volkston" zu komponieren. Die Melodie sollte in Anlehnung an das Volkslied gestaltet werden und "den Schein des Bekannten"[74] hervorrufen, um eine möglichst breite Allgemeinheit zu erreichen. Die damit verbundene Zielsetzung, ein möglichst breites Publikum anzusprechen, ist insofern problematisch, als sie das auf Volksbildung ausgerichtete Programm der Aufklärung voraussetzt und somit eine gewisse Kunstfeindlichkeit impliziert[75].

Eine weiteres Hauptproblem der Berliner Liedästhetik ist der Inhalt des Textes. Dabei geht es in erster Linie um die Einheit des Affektes. Ein Liedkomponist müsse versuchen, einen dem Text zugrunde liegenden einheitlichen Grundaffekt oder eine Hauptempfindung des Liedes auszudrücken[76]. Deswegen dürfe er die Melodie nicht lediglich auf den Inhalt einer einzelnen Strophe beziehen und auch nicht auf bestimmte Wörter, Satzteile oder Sätze[77].

---

componieren will, so suche ich zuvor in den Wortverstand einzudringen und mir die Situation lebendig zu machen. Ich lese es mir dann laut vor, bis ich es auswendig weiß, und so, indem ich es mir immer einmal wieder recitiere, kommt die Melodie von selber". Vgl. Schwab, S. 48.

[72] J. A. P. Schulz: Lieder im Volkston, I 2/1785, Vorbericht.
[73] J. F. Reichardt, Frohe Lieder für Deutsche Männer, Berlin 1781, Vorrede.
[74] Schulz, Lieder im Volkston, I 2/1785. Im Vorbericht heißt es: "ich habe mich in den Melodien selbst der höchsten Simplicität und Faßlichkeit beflissen, ja auf alle Weise den Schein des Bekannten darinzubringen gesucht ... in diesem Schein des Bekannten liegt das ganze Geheimnis des Volkstons".
[75] Schwab spricht in dieser Hinsicht vom Problem der "Popularität", Schwab, S. 85-124.
[76] Vgl. F. W. Marpurg, Kritische Briefe über die Tonkunst, Berlin 1759, I. Band, 22. Brief. J. Ph. Kirnberger, Anleitung zur Singekomposition mit Oden in verschiedenen Sylbenmaasen begleitet, Berlin 1782, S.11. Schwab, S. 52 ff.
[77] Dasselbe fordert Hegel in seinen ästhetischen Schriften: " ... der bestimmte Sinn der Worte darf nicht das Überwiegende sein, sondern die Melodie schwebt einfach für sich über der Verschie-

Diese Forderung nach musikalischer Wiedergabe der poetischen Grundstimmung hat sich in der Geschichte des Liedes nachhaltig ausgewirkt. So ist das sogenannte "romantische Stimmungslied", für das vor allem Schumanns Lieder Paradebeispiele sind, auch auf diesem Hintergrund zu sehen.

In der späteren Phase der zweiten Berliner Liederschule wurden die Regeln für die Liedkomposition weniger streng gehandhabt. Beispielsweise hielt man nicht mehr unbedingt an der starren Strophenform fest. Daneben gewannen das variierte Strophenlied und das durchkomponierte Lied mehr an Bedeutung. Auch wird die Instrumentalbegleitung gegenüber der Singstimme aufgewertet.

Hauptmerkmal dieser mittleren Goethezeit ist die enge Verbindung zwischen theoretisch-ästhetischen Schriften und praktischem Komponieren. Wie Schwabs Studie deutlich zeigt, haben die von den aufklärerischen Schriftstellern[78] aufgestellten ästhetischen Normen Eingang in die Liedtheorien der Berliner Liederschule gefunden. Die Liederkomponisten hatten "jene älteren ästhetischen Anschauungen teils übernommen, teils ihrem andersartigen Denken und Fühlen anverwandelt". Einer der wichtigsten Liedästhetiker dieser Zeit ist Christian Gottfried Krause (1719-1770)[79], auf dessen Theorie sowohl Reichardts Schriften als auch seine Kompositionen fußen. Krauses Bevorzugung der sparsamen Verwendung musikalischer Mittel sowie die Hervorhebung eines natürlichen, neutralen Verhältnisses zwischen Text und Musik, ist als Gegenreaktion zur sinnlichen Wirkung der italienischen Opernarie zu sehen[80].

Infolge ihrer weitgehenden Selbstbegrenzung und Selbsteinengung durch ästhetische Normen wurde die künstlerische Leistung der Berliner Liederschule von den meisten Musikwissenschaftlern negativ beurteilt[81]. Es fragt sich hierbei jedoch, inwieweit gewollte und beabsichtigte Selbstbeschränkung, die aus dem aufklärerischen, rationalistischen Zeitgeist heraus zu deuten ist, vorliegt. Ferner ist zu fragen, welche Bedeutung das Ideal der Unterordnung der Musik unter die Dichtung für die Liedästhetiker ge-

---

denartigkeit". Georg Wilhelm Friedrich Hegel, Ästhetik, XIV, S. 196-7, Berlin 1955, hrsg. von F. Bassenge.

[78] wie Krause, Gottsched, Scheibe, Mizler, Vgl. Schwab, S. 11ff.

[79] Krause wird auch als Gründer der ersten Berliner Liederschule verstanden. Vgl. New Grove, Artikel "Lied". Seine wichtigste Schrift ist "Von der musikalischen Poesie" (1752).

[80] G. Frotscher, Die Ästhetik des Berliner Liedes in ihren Hauptproblemen, S. 433. "Reaktion gegen das Überwuchern des rein sinnlich Schönen, technisch brillierenden nur Musikalischen, wie man es im Gegensatz zum Liede in der italienischen Arie ausgeprägt sieht".

[81] Vgl. Riemanns Lexikon, 8. Aufl., S. 638. Friedlaender, Das deutsche Lied im 18. Jh., S. 20.

winnen konnte und in welchem Ausmaß es möglicherweise zu einer Abhängigkeit der Liedästhetik von der zeitgenössischen Literaturästhetik führte.

3.2 Die Schwäbische Liederschule

Neben der Berliner Liederschule gewann die sogenannte "Schwäbische Liederschule"[82] eigenes Gewicht, deren Hauptvertreter Johann Rudolf Zumsteeg (1760-1802), Christian Friedrich Daniel Schubart (1739-1791) und Christoph Rheineck (1748-1797) waren. Die von diesen Komponisten bevorzugten Texte stammten einerseits von norddeutschen Dichtern wie Bürger und Claudius, andererseits von heimatgebundenen schwäbischen Dichtern wie Schiller u.a.. Zwar wurde das schwäbische Lied in gewissem Umfang von der Berliner Schule beeinflußt, jedoch blieb es von den dortigen strengen Regeln und Doktrinen unabhängig. Allerdings läßt sich ein einheitlicher Stil bei den schwäbischen Komponisten kaum ausmachen. Während Schubart und Rheineck sich an volkstümliche Lieder anlehnen, orientiert sich Zumsteeg mehr an der italienischen Bühnenmusik. Viele seiner durchkomponierten Balladen haben verwandte Züge mit den Solokantaten des achtzehnten Jahrhunderts, in denen sich rezitativische und ariose Partien abwechseln.

Im Gegensatz zu den Berliner Liedkomponisten, die nach einer Wiedergabe der allgemeinen Grundstimmung des Textes streben, ist Zumsteeg bemüht, die Einzelheiten des Textes zu charakterisieren. Dabei half ihm das Mittel eines reich ausgearbeiteten Accompagnements dramatisch Stimmung und Affekt zum Ausdruck zu bringen. Über seine Bedeutung äußert sich Nägeli wie folgt: "Rein in der Harmonie, bedeutend in der Begleitung, im Modulieren gewandt und oft glücklich, sich mehr zum Declamatorischen hinneigend, ohne die Cantabilität zu verscherzen, leistet er für die Cultur der Liederkunst ungewöhnlich viel"[83]. In Bezug auf Zumsteeg ist noch bemerkenswert, daß der dramatische Stil seiner Balladen in vielen Einzelheiten den jungen Schubert beeinflußte.

---

[82] Einige Musikforscher vertreten die Meinung, daß die schwäbischen Liederkomponisten untereinander nicht durch die Grundsätze einer bestimmten musikalischen Richtung, sondern nur durch ihre Heimat verbunden sind. Es war keine "Schule" im engeren Sinne. Vgl. Kurt Haering, Fünf schwäbische Liederkomponisten des 18. Jhs.: Abeille, Dieter, Eidenbenz, Schwegler und Christmann, Diss. Tübingen 1925, S. 1-4. Günter Maier, Die Lieder Johann Rudolf Zumsteegs und ihr Verhältnis zu Schubert, Göppingen 1971, S. 8-9.

[83] H. G. Nägeli, Historisch-Kritische Erörterungen und Notizen über die deutsche Gesangs-Cultur, in: Allgemeine Musikalische Zeitung XIII, 1811, S. 648.

III Loewes Liedschaffen im Überblick

Wenn man einen ersten Blick auf die Lieder Loewes wirft, so staunt man über die große Fülle seines Liedschaffens. Annähernd 200 Solo-Lieder mit Klavierbegleitung hat er vertont, wenn man die zum Lied gehörende Untergruppe Ballade ausklammert[84]. Außerdem enthält die Gesamtausgabe Lieder aus Opern, Oratorien und Singspielen im Klavierauszug, Kinderlieder, Trinklieder, zahlreiche geistliche Lieder und Choräle, die ich ebenfalls nicht zu der oben genannten Zahl rechne[85]. Bei den einfachen Kinderliedern und Chorälen kann man nicht von „Kompositionen" im engeren Sinne sprechen, da sie im größten Teil für den pädagogischen Zweck komponiert und nur in seiner Gesangslehre veröffentlicht wurden. Bestätigung findet diese Behauptung auch durch das Fehlen der Opuszahlen und des Klaviersatzes bei den meisten von ihnen. Eine Anzahl von geistlichen Liedern (einschließlich Chorälen) sind hinsichtlich ihres künstlerischen Werts von geringerer Bedeutung, obwohl sie einen großen Teil von Loewes Liedkompositionen ausmachen.

Die überwiegende Mehrzahl der Loeweschen Lieder ist zu seinen Lebzeiten gedruckt worden. Dabei wählte Loewe oft ein paar Balladen aus oder faßte einige Lieder zu einer Liedergruppe zusammen und gab sie unter einer Opuszahl zum Druck. Daneben finden sich auch Einzelveröffentlichungen von Balladen oder Liedern. Die größte Liedersammlung, die insgesamt zehn Liederhefte (54 Kompositionen) umfaßt, die zu verschiedenen Zeiten zum Druck erschienen, wurde jedoch später von Loewe als op. 9 unter dem Titel „Gesammelte Lieder, Gesänge, Romanzen und Balladen" zusammengefaßt. Diese Liederhefte sind meist am Textinhalt orientiert[86]. Nur das achte Heft enthält ausschließlich Vertonungen von Goethes Gedichten. Loewe gab auch Liederhefte zum Druck, die er nach bestimmten Dichtern ordnete. Viele seine Lieder widmete er bestimmten Personen und Sängern[87].

---

[84] Loewe hat 118 Balladen und 31 Legenden komponiert.
[85] Die Zahl seiner in der Gesamtausgabe veröffentlichten Balladen, Legenden, Lieder und Gesänge beträgt über 500.
[86] Manche Liederhefte von op. 9 tragen z. B. Überschriften wie „Nachtgesänge", „Gesänge der Sehnsucht" oder „Heitere Gesänge".
[87] Viele Lieder (z. B. das ganze Op.22) wurden der Kronprinzessin von Preussen gewidmet und die Anmerkung lautet „Ihrer Königlichen Hoheit der Frau Kronprinzessin Elisabeth von Preußen ganz unterthänigst geweiht". Einige Lieder wurden z. B. für Loewes zweite Frau (Goethe-Lieder), für den Kammersänger August Fricke (Liederkranz für die Baßstimme, op.145), oder für seinen Freund Keferstein komponiert.

Loewes Liedschaffen erstreckt sich über sein ganzes Leben. Im Alter von vierzehn (1810) begann er, kleine Lieder zu komponieren. Seine letzte Vertonung schuf er im Jahre 1864[88]. Eine Einteilung in Schaffensperioden halte ich nicht für ratsam, da sich keine deutliche Stilentwicklung in seinem Liedschaffen offenbart. Auch eine Einteilung nach biographischen Gesichtspunkten kann nicht erfolgen, schließlich blieb Loewe über 40 Jahre als Musikdirektor und Musiklehrer in Stettin ansässig.

Loewes Liedschaffen zeichnet sich durch die Mannigfaltigkeit der verschiedenen musikalischen Formen aus. Neben der am häufigsten verwendeten strophischen Form finden sich noch die variierte Strophenform, die dreiteilige Liedform, die Reprisenform, die Rondoform sowie Lieder in freier Form[89] und durchkomponierte Lieder.

1. Dichter und Textauswahl

Loewe hat für seine Lieder und Balladen Texte von mehr als achtzig Dichtern vertont, unter denen bekannte und weniger bekannte sind. Von den meisten Textautoren hat Loewe nur sehr wenige Gedichte vertont. Es kommt sogar oft vor, daß Loewe nur ein Gedicht von einem Dichter in Musik setzte[90]. Die folgende Tabelle zeigt die Statistik der Lieder- und Balladenvertonungen der von Loewe bevorzugten Dichter. Die kursiven Zahlen beziehen sich auf diejenigen Texte, die aus Übersetzungen stammen.

---

[88] Spirito Santo, op. 143
[89] Z. B. eine balladenähnlich gestaltete Form.
[90] Beispiele dafür sind M. Claudius (1740-1815), F. Matthisson (1761-1831), W. Müller (1794-1827), L. T. Kosegarten (1758-1818), L. Tieck (1773-1853), J. H. Voss (1751-1826), J. J. Rousseau (1712-1778).

Lebenszeit	Dichter	Zahl der Lieder	Zahl d. Balladen	Summe
1749-1832	Johann Wolfgang von Goethe	24	15	39
1788-1824	Lord Byron	*23*	0	23
1788-1866	Friedrich Rückert	18	3	21
1802-1866	Johann Nepomuk Vogl	1	16	17
1792-1873	Ludwig Giesebrecht	13	2	15
1787-1862	Ludwig Uhland	3	12	15
1801-1849	Heinrich Stieglitz	12	0	12
1781-1838	Adalbert von Chamisso	9	1	10
1797-1856	Heinrich Heine	8	1	9
1816-1894	Dilia Helena	9	0	9
1797-1870	Talvj (Therese Amalie Luise v. Jakob)	*6 + 1*	*1*	8
1810-1876	Ferdinand Freiligrath	0	8	8
1737-1823	Heinrich Wilhelm von Gerstenberg	8	0	8
1798-1855	Adam Mickiewicz	0	7	7
1744-1803	Johann Gottfried von Herder	1	5	6
1798-1871	Willibald Alexis	0	4	4
1808-1876	Anastasius Grün	0	6	6
1836-1868	Carl Siebel	4	1	5
1715-1769	C. Fürchtegott Gellert	3	0	3
1804-1876	Otto Friedrich Gruppe	3	0	3
1799-1853	August Kopisch	0	3	3
1739-1791	C. F. Daniel Schubart	2	0	2
1759-1805	J. C. Friedrich Schiller	0	2	2
1772-1801	Novalis	2	0	2
1791-1813	Theodor Körner	0	2	2

Unter den Dichtern ragen Goethe, Byron, Rückert, Vogl, Giesebrecht und Uhland hervor, allerdings liegt bei jedem der Schwerpunkt auf einen anderen Gedichttypus. Mit den meisten von ihnen stand Loewe in persönlichem Kontakt[91]. Es ist zu bemerken, daß er auch Texte von Dichtern wie Stieglitz, Mickiewicz und Gerstenberg übernahm, die von anderen Liedkomponisten weniger bevorzugt wurden. Den von vielen Liedkomponisten beliebten Dichtern wie Stolberg, Hölty, Klopstock schenkte er aber kaum Beachtung.

Die dichterische Qualität seiner ausgewählten Texte ist sehr unterschiedlich. Man kann sagen, daß Loewes Textauswahl ziemlich eigenartig und eigenwillig ist. Es gibt unzählige Lieder- und Balladentexte, die von ihm überhaupt zum ersten Mal als Textvorlage verwendet wurden. Außerdem waren viele von Loewe komponierte Gedichte ursprünglich von den Dichtern nicht zur Vertonung bestimmt. Rein lyrische oder poetische Texte sind nur in geringem Maß vorhanden. Die Mehrheit bilden gesellige und gesellschaftliche Texte. Jedoch Engels scharfe Kritik, daß Loewes Bevorzugung der Goetheschen Texte „wirklich kein Zeichen besonderer literarischer Urteilskraft ist"[92], scheint zu eigenmächtig. Denn Loewes literarischer Verstand offenbart sich ohne Zweifel in der musikalischen Behandlung des Gedichtes, auf die ich später näher eingehen werde. Die Frage, warum er teilweise mittelmäßige oder schlechte Texte wählte, ist vielleicht in zweierlei Hinsicht zu verstehen.

Zum einen bevorzugte er als unverkennbarer Balladenliebhaber in erster Linie gehaltvolle Liedertexte mit erzählendem, deskriptivem Charakter. Auch volkstümliche Lieder, Lieder mit spielerischem, humoristischem, aphoristischem Inhalt nahmen bei ihm eine bevorzugte Stellung ein. Aber gerade ihr deskriptiver und situationsbedingter Inhalt können die poetische Sphäre verdrängen. Andererseits liegt es nah, daß Loewes Lieder für ein bürgerlich-geselliges Publikum gedacht waren. Daß Lieder zu jener Zeit als Hausmusik gepflegt wurden und zur frohen Geselligkeit und Unterhaltung gesungen wurden, hat ebenfalls Loewes Auswahl bestimmt.

Es ist sehr charakteristisch, daß Loewe die Lieder aufgrund ihres ähnlichen dichterischen Stoffs unter einer Überschrift zu einer Liedergruppe zusammenfaßt. Es stellt sich nur die Frage, ob es sich bei solchen Liedergruppen um einen echten Liederzyklus (Liederkreis) oder um eine Liedersammlung handelt. Der zyklische Gedanke war am Anfang des neunzehnten Jahrhunderts für die Liedvertonung noch wenig verbreitet. Beethovens „An die ferne Geliebte" bildet das früheste musterhafte Beispiel. Einen

---

[91] Wie in der Kurzbiographie erwähnt, war Loewe mit Giesebrecht befreundet. Talvj ist die Schwester von Loewes erster Frau. Zudem kannte er noch Rückert und Grün persönlich.
[92] Engel, S. 113.

ersten Höhepunkt erhält der Liederzyklus durch Schuberts „Schöne Müllerin" und „Winterreise".

Ein Liederkreis im engeren Sinne wird entweder durch die Dichtung oder durch die Musik (bzw. beides) vorgegeben. So kann ein inhaltlicher Zusammenhang zwischen mehreren aufeinanderfolgenden Lieder bestehen, während ein musikalischer Zusammenhalt durch einen Tonartplan, Motive oder ein poetisch bindendes Element gestiftet wird. Es gibt drei Liedergruppen von Loewe, die man einen Liederzyklus nennen kann, nämlich die „Frauenliebe" von Chamisso und die zwei Liederkreise „Bergmannslieder" und „Esther".

„Frauenliebe und -leben" von Chamisso aus neun zusammengehörigen Gedichten bilden einen dichterischen Zyklus, in dem die verschiedenen Lebensbilder einer Frau beschrieben werden. Nach der Gesamtausgabe komponierte Loewe die neun Gedichte im Jahre 1836 als „Liederkranz"[93]. Merkwürdigerweise gab er 1837 nur die ersten sieben Nummern unter der Opuszahl 60 zum Druck. Die letzte Nummer erschien erst 1868 ohne Opuszahl und die vorletzte Nummer wurde gar nicht veröffentlicht. Neben dem inhaltlichen, läßt sich auch ein musikalischer Zyklusgedanke nachvollziehen, so stehen die Lieder in dem Tonartverhältnis A, E, A, F, C, F, Ges, d, a.

Loewe betitelte seine „Bergmannslieder" (op.39) und „Esther" (op.52) als „Liederkreis in Balladenform", eine speziell für Loewe geltende Mischform. Die Liederkreise umfassen jeweils fünf Lieder; die Texte stammen von Giesebrecht. Beide Liederkreise werden durch das Zurückgreifen auf die Anfangstonart abgeschlossen: „Esther", a, F, d, A, A-a und die „Bergmannslieder": E, A, F, e-E.

Die „Hebräischen Gesänge", „Serbischen Lieder" und „Bilder des Orients" sind drei Liedergruppen, die durch ein Thema verbunden sind, jedoch keinen Liederzyklus bilden, da ein deutlicher musikalischer Zusammenhang fehlt.

Von größtem Umfang sind die dreiundzwanzig „Hebräischen Gesänge" von Lord Byron. Byrons „Hebrew Melodies" entstanden 1815; Loewe griff sie in der im Jahre 1820 erschienenen Übersetzung von Franz Theremin auf[94]. Sie sind in vier Hefte unter den Opera 4, 5, 13 und 14 aufgeteilt, die im Jahre 1823, 1824, 1825 bzw. 1826 komponiert und jeweils ein bis zwei Jahre danach veröffentlicht wurden.

---

[93] Die Skizze in Loewes Studienheft enthält die Nummern 1 bis 7 zusammenhängend und an anderer Stelle 8 und 9. Siehe GA, Band XVII, S. 6 ff.
[94] Das Vorwort zu Band XV der Gesamtausgabe, S. 18.

Im Jahre 1824 komponierte Loewe das op.15, sechs von seiner Schwägerin Talvj übersetzte serbische Lieder. Die Tonarten stehen in der Reihenfolge F, D, D, d, A, B. Der getroffene slawische Volkston bildet hier ein musikalisch bindendes Element.

Dem zwölf Lieder umfassenden op.10, „Bildern des Orients" (1833) liegt die gleichnamige Dichtung Heinrich Stieglitzs zugrunde. Sie besteht aus zwei Teilen „Wanderbilder aus Arabien" mit der Tonartfolge d, a-A, d, A, A, D, A und „Bilder der Heimat aus Persien" mit der Tonartfolge B-b, As, F, A, F.

Einen weiteren größeren Bestandteil bilden die Liedergruppen, die ausschließlich nach Dichtern geordnet sind. Im Grunde handelt es sich nur um eine lose Liederreihe desselben Dichters, da zwischen den einzelnen Liedern weder ein thematischer noch ein inhaltlicher Zusammenhang besteht. Dazu gehören die Rückert-, die Heine-, die Gerstenberg-, die Helena- und die Goethe-Lieder. Die folgende Tabelle führt die Goethe-Lieder nicht auf, da ich sie später gesondert behandeln werde.

	Anzahl	Opuszahl	Heft	Nummer
Rückert-Lieder	14	op. 6	1	1-6
		op. 62	2	1-6
		op. 84		4
		op. 130		2
	2	op. 71		
	1	op. 73		
	1	WoO		
Heine-Lieder	6	op. 9	1	1
		op. 9	7	2-6
	2	WoO		
Gerstenberg-Lieder	8	op. 9	4	2
		op. 9	9	6
		op. 69		1-6
Helena-Lieder	9	op. 89		1-6
		op.107		1-3

Zu den zu größeren Liedheften zusammengefaßten Liedern gehört noch das Opus 22. Das Heft 1 umfaßt vier und das Heft 2 fünf geistliche Lieder von verschiedenen Dichtern. Diese neun geistlichen Lieder wurden der Kronprinzessin Elisabeth von Preussen gewidmet.

2. Loewe und Goethe

Loewe lernte während seiner Schulzeit in Halle Goethes und Schillers Schauspiele durch eine Weimarer Theatergruppe kennen, deren dramatische Darstellungen einen starken Eindruck auf ihn machten. Seine erste und einzige persönliche Begegnung mit Goethe geschah in Jena im Jahre 1820, bevor Loewe sein Amt in Stettin antrat. Loewe schrieb in seiner Selbstbiographie: „Unmöglich konnte ich mich in Jena aufhalten, ohne den Versuch zu machen, Goethe zu sehen"[95] und weiter zu seiner Begeisterung über Goethes Balladen: „ich sagte ihm, wie ich die Ballade vor allen andern Dichtungsformen liebe, wie die volksthümliche Sage seines Erlkönig in dem grossartig romantischen Gewande seiner Dichtung mich ganz hingenommen; so hingenommen, dass ich diesen Erlkönig habe componiren müssen: Ich hielte schon deshalb den Erlkönig für die beste deutsche Ballade, weil die Personen alle redend eingeführt seien"[96]. Beide unterhielten sich in übereinstimmender Meinung über das Wesen der Ballade. Loewe wollte Goethe seinen Erlkönig vorsingen, konnte dies aber mangels eines Klaviers nicht realisieren. Goethe sprach ihm jedoch sein Interesse aus und lud ihn nach Weimar zu seinen musikalischen Abenden ein, was Loewe leider nicht wahrnehmen konnte. Dagegen pflegte Loewe später einen freundschaftlichen Umgang mit der Goetheschen Familie und ein Lehrer-Schüler-Verhältnis mit Goethes Enkelkind, Walther von Goethe. Dieser verehrte Loewe mit großem Enthusiasmus und schätzte seine Goetheschen Balladen wegen ihrer „identischen Wiedergabe" der Dichtung[97].

Loewe hat insgesamt 52 Gedichte von Goethe in Musik gesetzt, darunter sind vierundzwanzig Solo-Lieder, fünfzehn Balladen[98], drei Legenden[99] und zehn Lieder im weit-

---

[95] Loewes Selbstbiographie, S. 76.
[96] Loewes Selbstbiographie, S. 76 ff.
[97] Allgemeines Vorwort zu Band XI und XII in der GA, S. 9-10. Eine Äußerung von Walther lautet: „Loewe sei der einzige gewesen, bei dessen Kompositionen von Goethischen Werken er sich ganz und gar dem Eindrucke hingeben könnte, den diese identische Wiedergabe in der Seele des Zuhörers hervorriefe. Es wäre in der Verschmelzung Goethe und Loewe nicht möglich, die Geister von einander zu trennen; es vereinige Loewesche Musik Goethischer Dichtungen einfach den Einen mit dem Andern, - beide gehörten zu einander; und eine 'Braut von Chorinth', einen 'Paria', einen 'Todtentanz', einen 'Gesang der Geister über den Wassern' könnte man nicht lesen und nicht hören, ohne dass Goethischer oder Loewischer Geist sich wie eine Notwendigkeit hinzugesellte."
[98] Erlkönig (op.1, Nr.3, 1818), Hochzeitslied (op.20, Nr.1, 1832), Der Zauberlehrling (op.20, Nr.2, 1832), Die wandelnde Glocke (op.20, Nr.3), Die Braut von Corinth (op.29, 1830), Gutmann und Gutweib (op.9, H.8, Nr.5, 1833), Der Fischer (op.43, Nr.1, 1835), Ballade vom vertriebenen und zurückkehrenden Grafen (op.44, Nr.1, 1835), Der getreue Eckart (op.44, Nr.2, 1835), Der Tod-

läufigen Sinne für mehrere Stimmen[100]. Unter allen verwendeten Texten sind damit die von Goethe zahlenmäßig am stärksten vertreten. Unter den ausgewählten Texten befinden sich bekannte, aber auch weniger bekannte Gedichte, die vorher von keinem anderen Komponisten vertont wurden.

Es gibt zwei Phasen, in denen sich Loewe am intensivsten mit Goethe beschäftigte: In der frühen, in den Jahren zwischen 1816 und 1818, machte Loewe viele kühne Versuche mit den Goetheschen Gedichten wie „Ich denke dein", „Nur wer die Sehnsucht kennt" und „Erlkönig"[101]. Zwischen den Jahren 1832 und 1836 fand die fruchtbarste Auseinandersetzung mit Goethes Balladen statt. Es entstanden u. a. „Der Zauberlehrling", „Hochzeitlied", „Der getreue Eckart" u.a., in denen höhere künstlerische Reife zum Vorschein kommt. Nach dem Jahr 1844 hat Loewe keine Gedichte von Goethe mehr vertont.

Erwähnenswert ist noch seine literarische Beschäftigung mit Goethes „Faust". Loewe befaßte sich eifrig mit diesem Werk und veröffentlichte im Jahre 1834 das Buch „Commentar zum zweiten Theile des Goetheschen Faust". Im gleichen Jahr schuf er auch drei anspruchsvolle Lieder des Thurmwächters Lynceus aus dem „Faust". Loewes besondere Vorliebe zu diesem Werk zeigt sich in der Zahl der Vertonungen; insgesamt neun Texte nutzte er als Liedvorlage.

---

tentanz (op.44, Nr.3, 1835), Der Gott und die Bajadere (op.45, Nr.2), Wirkung in die Ferne (op.59, Nr.1, 1836), Der Sänger (op.59, Nr.2, 1836), Der Schatzgräber (op.59, Nr.3, 1836), Alpin's Klage um Morar (op.95, 1844).

[99] Das ganze Opus 58 bestimmt sich aus der indischen Legende: Gebet des Paria, Legende und Dank des Paria.

[100] Die erste Walpurgisnacht (für Solo und Chor, op.25, 1833), Nachtgesang (vierst., op.79, Nr.2, 1836), Ich denke dein (vierst., O.O., 1823), Trost in Thränen (für drei Frauenstimmen, op.80, H.2, Nr.2, 1836), Nur Platz, nur Blöße (zweist., O.O., 1836), Sei mir heute nichts zuwider! (für Solo und Chor, O.O., 1836), Die Freude (Duett, op.104, Nr.1, 1844), An Sami (Duett, op.104, Nr.2, 1844), März (Duett, op.104, Nr.3, 1844), Gesang der Geister über den Wasser (für Solo und Chor, op.88, 1840).

[101] Das genaue Datum der meisten Loeweschen Kompositionen ist unbekannt. Es gibt ein paar frühere Lieder (Z.B. „Sehnsucht", „Ich denke dein", „Wandrers Nachtlied"), deren Entstehungsjahr in der Gesamtausgabe mit Fragezeichen versehen sind. Es handelt sich um Stücke, die im Zeitraum von 1816 bis 1818 entstanden sind. Vgl. GA XI, S.23.

3. Die Goethe-Lieder

Die vierundzwanzig Lieder[102] werden hier nach ihren verschiedenen Formtypen kategorisiert, wobei kurz auf ihre musikalische Gliederung eingegangen wird.

1) Strophenlieder

Titel	Opuszahl	Jahr	Tonart, Taktart	Erstdruck
Frühzeitiger Frühling	op.79, Nr.1	1836	G, 6/8	1841
Mailied	op.79, Nr4	1836	G, 3/4	1841
Mädchen, als du kamst ans Licht	ohne Opuszahl	1836	A, 3/4	unveröffentlicht

Die drei hier angeführten strophisch komponierten Lieder sind in einer vergleichsweise späten Zeit entstanden, bedenkt man, daß Loewe 1840 sein letztes Goethe-Lied komponierte.

Das gleichnamige Gedicht „Frühzeitiger Frühling" besteht aus neun vierzeiligen Strophen. Loewe vertont die ersten zwei Strophen und wiederholt diese Melodie viermal. Die verbleibende übriggebliebene letzte Strophe erhält, bedingt durch den Inhalt, eine neue Melodie.

Im „Mailied", der Vertonung von Goethes „Maifest", teilt Loewe die neun Strophen des Gedichts in drei Abschnitte auf, indem er je drei Strophen zu einer zusammenfaßt. Diese Einteilung bietet sich an, da die Verszeilen sehr kurz sind und jeweils drei Strophen inhaltlich zusammengehören.

„Mädchen, als du kamst ans Licht", ein dreistrophiges Gedicht mit jeweils sieben Versen, stammt aus dem zweiten Teil des „Faust". Loewe wiederholt zwar alle drei Strophen mit derselben Melodie; die Zweiteilung der Strophen in vier und drei Verse mit vorgegebenem Tempo- und Taktwechsel (von Larghettino cantabile zu Allegretto, von 3/4- zu 2/4-Takt) verdeutlicht jedoch eine textliche Differenzierung. Formal läßt sich dies durch das Reimschema a b a b c c d begründen. Vor allem in der ersten Strophe ist auch eine inhaltliche Zäsur erkennbar: im ersten Teil ist von der Tochter als Kleinkind, im zweiten als Braut die Rede. Auf jede Strophe folgt noch ein ungewöhnlich langes Nachspiel.

---

[102] Davon sind jedoch vier Lieder („Frühzeitiger Frühling", op.79, Nr.1, „Frühling über's Jahr" op.79, Nr.5, „Mailied", op.79, Nr.4, „Auf dem See, op.80, H.1, Nr.2) ursprünglich vierstimmig gesetzt. In der Gesamtausgabe wurden sie als Sololied mit Klavierbegleitung bearbeitet.

Ein Merkmal der drei Lieder ist die Simplizität der Klavierbegleitung. Die variable musikalische Strophengliederung zeigt jedoch Loewes eigene Auffassung der Texte, die sich oft am Textinhalt orientiert.

2) Variierte Strophenlieder

Titel	Opuszahl	Jahr	Tonart, Taktart	Erstdruck	Form
Gottes ist der Orient	op.22, H.1, Nr.5	1829	F, 4/4	1832	
Thurmwächter Lynceus zu den Füssen der Helena	op.9, H.8, Nr.1	1833	E, 2/4	1834	
Lynceus, der Helena seine Schätze darbietend	op.9, H.8, Nr.2	1833	F, 3/4	1834	
Lynceus, der Thürmer, auf Faust's Sternwarte singend	op.9, H.8, Nr.3	1833	H, 9/8	1834	
Mädchenwünsche	op.9, H.8, Nr.4	1833	F, 6/8	1834	A B A'
Die verliebte Schäferin Scapine	op.9, H.9, Nr.3	1835	g, 4/4	1836	A B C D A'
Wechsel	ohne Opuszahl	1835	F, 2/4	1837	
Canzonette	ohne Opuszahl	1835	E, 12/8	1836	A A B A'
Im Vorübergehen	op.81, Nr.1	1836	F, 3/4	1841	
Freibeuter	ohne Opuszahl	1836	E, 3/8	1838	A A A'

Das Lied „Gottes ist der Orient" (Goethes „Talismane") hat fünf Strophen: die ersten vier haben das Reimschema a a b b und die letzte ist sechszeilig (a a b b c c). Die ersten vier Strophen folgen demselben Modell mit metrischen bedingten Varianten. Die Strophen zwei und drei stimmen musikalisch überein. Die deutlich von den vorausgegangenen Strophen abgesetzte fünfte Strophe zeichnet sich durch eine sinnvolle Textdeklamation aus und paßt sich dem individuellen Metrum des Textes an.

Die drei Lieder des Turmwächters Lynceus können als eine Einheit gesehen werden, da es sich um die Figur „Turmwächter Lynceus" aus Goethes „Faust" handelt[103]. Es besteht jedoch kein direkter inhaltlicher Zusammenhang zwischen den drei Gedichten. Das erste Lied „Thurmwächter Lynceus zu den Füssen der Helena" hat sieben Strophen mit je vier Versen. Loewe vertont die ersten zwei Strophen und wiederholt sie erst rhythmisch (3., 4. Strophe), dann thematisch variiert (5., 6. Strophe). Die siebte

---

[103] Nach Auffassung der Germanisten könnte es sich auch um verschiedene Personen handeln.

Strophe ist zwar anfangs mit der ersten Strophe melodisch verwandt, doch im folgenden entwickelt sich eine eigene Melodie bis zum Schluß, welcher diese Verfahrensweise musikalisch rechtfertigt. Engel schätzt dieses Lied und hat auf die „sehr sangbare Kantilene mit weicher Harmonisation und Modulation" hingewiesen[104].

„Lynceus, der Helena seine Schätze darbietend", das zweite Lied, ähnelt im Umfang (fünfzehn Strophen) und in seinem epischen Charakter einer Ballade. Entsprechend balladenhaft behandelt Loewe den Text. Die durchkomponierten ersten zwei Strophen stehen im 3/4-Takt mit der Tempobezeichnung „Grazioso". Die neu eingeführten Melodien der nächsten zwei Strophen (3. und 4. Strophe) wandeln sich dem Text gemäß zur „Alla marcia" im 4/4-Takt. In den Strophen 5 bis 9 wurden diese Melodien rhythmisch und melodisch leicht variiert, bis in den Strophen 10 und 11 ein Rückgriff auf die Thematik der ersten zwei Strophen erfolgt, die auch in den abschließenden Strophen 14 und 15 unverändert wiederkehrt. Dieses Lied zeichnet sich vor allem durch seine bildhafte und effektvolle Tonmalerei aus.

Von der Szene „Lynceus, der Thürmer, auf Faust's Sternwarte singend" hat Loewe nur den ersten Teil bis zur ersten Pause vertont. Loewe gliedert die Verse in vier Abschnitte (4+4+4+4) und realisiert damit die angedeutete Vierstrophigkeit des Textes. Andererseits faßt er Abschnitt eins und zwei sowie drei und vier zusammen, wodurch eine übergeordnete Zweiteiligkeit entsteht. Die Abschnitte eins und drei entsprechen sich musikalisch und tragen so der Korrespondenz der Schlußverse Rechnung. Während der zweite Abschnitt in die Moll-Parallele ausweicht, bringt der vierte Abschnitt eine harmonische Beruhigung mit sich und rundet die zweiteilige Form ab.

Aus dem einstrophigen Gedicht „Mädchenwünsche" hat Loewe ein dreiteiliges Lied gemacht. Den ersten Teil, in dem die ersten drei Verse wiederholt werden, wiederholt er am Ende des Liedes (wobei der dritte Vers nochmals wiederkehrt), um dem Zuhörer durch den Konjunktiv das Irreale der Situation vor Augen zu führen. Dieser Teil wird dem ersten entsprechend musikalisch vertont, ausgenommen der erweiterte Schluß.

Das Gedicht des Liedes „Die verliebte Schäferin Scapine" besteht aus fünf Strophen mit ungleichen Verszahlen (4+6+8+4+4). Da in der Dichtung die erste und fünfte Strophe fast identisch sind, greift Loewe in der fünften Strophe auch auf die ersten zurück. Die anderen Strophen werden jeweils dem Inhalt und der Stimmung gemäß neu komponiert, wobei sich das Tempo, ausgehend von „Un pochettino larghetto",

---

[104] Engel, S. 115.

beständig bis zum unbändigen „Presto assai" steigert und anschließend wieder zurückfällt.

Das einstrophige Lied „Canzonette" läßt sich in drei Abschnitte (4+2+2) gliedern: Der wiederholte A-Teil (Vers 1-2, 3-4) kehrt nach einem abweichenden B-Teil variiert und durch Textwiederholung erweitert wieder.

Die Melodie des Liedes „Wechsel" ist dem Reimschema (a a b c c d; e e f g g h) des zweistrophigen Gedichts „Unbeständigkeit" entsprechend aufgebaut. Doch bei den letzten drei Versen der zweiten Strophe greift Loewe auf die Melodie der Verse a und d zurück (AABCCDEEFAAD). Hier zeigt sich Loewes Vorliebe, die Wiederaufnahme der Einleitungspassage für die geschlossene Abrundung eines Stückes zu benutzen. Daß dabei die Thematik des Verses d derjenigen von b bevorzugt wird, ergibt sich aus der Funktion von D, den ganzen ersten Abschnitt zu beschließen.

In dem fünfstrophigen Lied „Freibeuter" unterteilt Loewe die Strophen 1 bis 4 in zwei sich musikalisch entsprechende Abschnitte. Die letzte Strophe, die sich inhaltlich (das Erwachen beschreibend) und formal (Umstellung des Verspaares) von den anderen abhebt, wird dementsprechend variiert vertont (Darstellung der Resignation durch absteigende Melodieführung).

Bei den variierten Strophenliedern neigt Loewe also dazu, den Inhalt des Textes zu berücksichtigen. Unter allen variierten Strophenliedern gehören die drei „Turmwächter"-Lieder zu den anspruchsvollsten. Dies liegt wohl daran, daß Loewe bei längeren Texten mit dramatischen Szenen seine Musik am besten zur Entfaltung bringen kann.

3) Durchkomponierte Lieder

Titel	Opuszahl	Jahr	Tonart, Taktart	Erstdruck
Wandrers Nachtlied (Über allen..)	op.9, H.1, Nr.3a	1817 (1816 ?)	F, 3/2	1828
Ich denke dein	op.9, H.3, Nr.1	1817 (1816 ?)	Es, 6/4 - 3/4	1828
Sehnsucht	op.9, H.3, Nr.5	1818 (1816 ?)	c, 4/4	1828
Meine Ruh' ist hin	op.9, H.3, Nr.2	1822	h, 9/8	1828
Wandrers Nachtlied (Der du ...)	op.9, H.1, Nr.3b	1828	d, 4/4	1828
Szene aus „Faust" (Ach, neige ..)	op.9, H.9, Nr.1	1835 (1836 ?)	g, 4/4	1836
Frühling über's Jahr	op.79, Nr.5	1836	F, 3/4	1841
Auf dem See	op.80, H.1, Nr.2	1836	F, 6/8	1842
Ganymed	op.81, Nr.5	1836	A, 12/8	1842
Wenn der Blüthe Frühlingsregen	ohne Opuszahl	1836	A, 12/8	unveröffentlicht
Mahomet's Gesang	op.85	1840	E, 2/4 - 4/4	1842

Das sechsstrophige Gedicht „Im Vorübergehen" besteht aus fünf vierzeiligen Strophen und einer fünfzeiligen Strophe am Schluß, die mit der Anfangsstrophe korrespondiert. Diese Verknüpfung greift Loewe für den Anfangsvers auf, so daß hier eine strophische Variation in dem im übrigen durchkomponierten Lied entsteht.

Loewe hat insgesamt elf Gedichte von Goethe durchkomponiert. Bei zehn von ihnen handelt es sich entweder um einstrophige oder mehrstrophige Gedichte, die in einem unregelmäßigen Versbau gefaßt sind. Die einzige Ausnahme, bei der sich aus einer regelmäßigen Strophenliedform ein durchkomponiertes Lied ergibt, ist „Ich denke dein".

Zu den am besten gelungenen Goethe-Liedern gehören ohne Zweifel die durchkomponierten, die ich im folgenden Kapitel genauer behandele. Dabei wurden sechs Stücke ausgewählt, die zunächst einer Analyse unterzogen werden, um sie sodann mit textgleichen Liedern anderer Komponisten zu vergleichen.

IV Musikalische Analyse und vergleichende Betrachtung der ausgewählten Goethe-Lieder von Loewe, Schubert und der Berliner Liederschule

1. Wandrers Nachtlied (Über allen Gipfeln)

Das im Jahre 1817 komponierte Lied gehört der früheren Schaffensperiode an. In dieser Phase (1816-1818) begann Loewe, sich mit Goethes Lyrik und Balladen zu beschäftigen und wurde vom Goetheschen Geist angeregt. Es gab vor dem Jahr 1816 bereits einige Lied-Versuche, die künstlerisch aber unbedeutend sind. Dieses und andere Goethe-Lieder der gleichen Phase, in denen eine gewisse Kunstfertigkeit und Ernsthaftigkeit zu erkennen ist, unterscheiden sich von den früheren Kompositionen.

Der Text

1 Über allen Gipfeln
2 ist 'Ruh.
3 In allen Wipfeln
4 Spürest du
5 kaum einen Hauch;
6 Die Vögelein schweigen im Walde.
7 Warte nur, balde
8 Ruhest du auch.

Das einstrophige Gedicht ist in acht unterschiedlich langen, prägnanten Versen verfaßt. Dem Reimschema nach scheint es in 4 + 4 Verse, nämlich die ersten vier in gekreuzten Reimen a b a b und die letzten vier in umfassenden Reimen c d d c, geteilt werden zu können. Diese Teilung gerät jedoch mit der Syntax in Widerspruch: die Verse 4 und 5 sind voneinander nicht zu trennen. Eine Teilung in 5 + 3 Verse (Reime: a b a b c + d d c) scheint überzeugender. Dem Inhalt nach ist jedoch eine andere Teilung plausibler: nämlich Vers 1 bis 6 der erste Abschnitt, Vers 7 und 8 der zweite. Der erste Abschnitt bezieht sich auf die Umgebung und der zweite auf den Menschen. In gewissem Sinne ragt der sechste Vers aus dem Gedicht heraus, nicht nur wegen seiner Länge. Er gehört der Form nach zum zweiten Abschnitt, dem Inhalt nach zum ersten.

Durch die Interpunktion läßt sich das Gedicht in vier Satzeinheiten zerlegen, nämlich in die Verse 1-2, 3-5, 6 und 7-8. In jeder Satzeinheit wird die Ruhe eines anderen Objekts beobachtet: der Natur (Gebirge), der Pflanzen (Bäume), der Tiere (Vögel) und der Menschen. Die Entfernung zwischen Objekt und Beobachter wird von einem Satz zum anderen kleiner. Letztendlich wird der Beobachter und das Objekt derselbe: das Ich, obwohl es im Gedicht als zweite Person (du) dargestellt wird.

Die letzten zwei Verse bilden die Hauptaussage des Gedichtes. Sie sind von den vorhergehenden grundsätzlich verschieden. Vorher richtet sich die Beobachtung auf die äußere Welt, jetzt auf die innere; vorher handelt es sich um eine Feststellung, jetzt um eine Überzeugung. Das Subjekt dieser Verse ist der Mensch, das unruhigste von allen Wesen, sogar ein Wanderer. Sie stellen einen Dialog mit sich selbst dar und knüpfen an die äußere Welt des ersten Abschnitts an. Die Verbindung zwischen den zwei Abschnitten wird durch das Kernwort „Ruh" im zweiten Vers und „ruhest du auch" im letzten hergestellt. Die „Ruhe" ist jedoch mehrdeutig. Der Ton des Gedichts ist auch ambivalent: er kann warnend und gleichzeitig tröstend, sehnsüchtig und gleichzeitig ängstlich sein.

Die in den Versen ungleichmäßig verteilten Hebungen und Senkungen gestatten einen ziemlich freien Rhythmus. Der erste Vers ist trochäisch mit drei Hebungen. Der zweite und dritte Vers sind auftaktig. Die Verse 5 bis 8 haben je zwei Senkungen zwischen den Hebungen. Der Rhythmus ist insgesamt durch die metrische Verschiedenheit sehr differenziert.

Im ganzen Gedicht herrscht eine ruhige Stimmung. Dazu tragen die Dehnungssilben[105] und die dumpfen Reime bei. Die langen Vokale „u" und „au" (Ruh, du, Hauch, auch) bilden vor allem verweilende, in sich ruhende Versenden.

Die Musik

Für einen Komponisten wie Loewe ist die Musik eine Reflektierung seiner persönlichen Auslegung des Textes. Es wird klar ausgedrückt, daß Loewe aus diesem Gedicht kein idyllisches Lied macht, wenn er den Hinweis „sehnsüchtig klagend und getragen" angibt. Loewes Lied dringt in den Sinn des Gedichts ein.

Die Musik gliedert sich dem Inhalt des Texts getreu in zwei Abschnitte. Der erste besteht aus den Versen 1-6, der zweite aus den wiederholten Versen 7 und 8. Diese Wiederholung hält die beiden Abschnitte in einem besseren Gleichgewicht. Auch durch die Wiederholung ist der zweite Abschnitte immer noch kürzer. Musikalisch wird er

---

[105] Obwohl Wörter wie „spürest", „Walde", „ruhest" zu der Normalform der Goethe-Zeit gehören, ausgenommen das Wort „balde".

jedoch hervorgehoben (9 zu 8 Takte). Die Absicht, die reale und die psychologische Welt in der Musik gegenüberzustellen, ist deutlich.

Die im Gedicht in mehrere Verse zerlegten Satzeinheiten werden in der Musik wieder zusammengefügt:

> Über allen Gipfeln / ist 'Ruh
> In allen Wipfeln / Spürest du / kaum einen Hauch;
> Die Vögelein schweigen im Walde.
>
> Warte nur, balde / ruhest du auch
> balde, balde / ruhest du auch.

Die Form des Gedichts, die wesentlich von Metrum und Reim bedingt ist, tritt in den Hintergrund. Die zwei Abschnitte sind durch eine lange Pause von 1 1/3 Takten getrennt; die Satzeinheiten sowie einzelne Satzglieder im zweiten Abschnitt durch kürzere Pausen. Die ersten drei Satzeinheiten werden jeweils in einem Zug durchgeführt. Die Verse im Gedicht spielen kaum noch eine Rolle in der musikalischen Struktur. Nur die langen Noten (Halbe bis Ganze), die auf die letzten Silben der meisten Versen fallen, deuten die Absicht an, die Reime auszukosten. So entsteht eine spürbare Versgliederung, ohne daß die Melodie in allzu kurze Einheiten zerfällt. Lediglich bei „Wipfeln" (T.5, Reim ohne Dehnung), „Vögelein" (T.8) und „nur" (T.11, lange Note aber kein Reim) weicht Loewe von diesem Schema ab. Der Einfluß der Reime ist in dieser Hinsicht doch nicht so eindeutig.

Durch diese Ausdehnungen herrscht eine eigenartige Deklamation in diesem Lied. Bei den Worten „Gipfeln", „Walde", „balde" entsteht ein metrischer Widerspruch, da auf die unbetonte Silbe eine lange Note fällt. Das heißt, der Rhythmus der Musik widerspricht hier den formalen Regeln der Sprache.

In der Klavierbegleitung herrscht ausnahmslos ein gleichmäßiger Viertel-Rhythmus. Die einheitliche Durchführung der repetierten Klänge schafft einen Klangteppich, der die Grundstimmung des Stücks zum Ausdruck bringt. Die Harmoniefolgen sind relativ konventionell. Die Klangverbindungen bewegen sich zwischen Tonika, Dominante und Wechseldominate sowie Tonikaparallele. In diesem Lied ist die Singstimme der wesentliche Sinnträger. Was die Singstimme zeigt, ist ein Gedankenfluß, eine Interpretation des Gedichtes. Nur punktuell tritt auch die Klavierstimme bedeutsam hervor.

In jeder Satzeinheit wird eine ausgeglichene, immer in sich ruhende Gesangsmelodie durchgeführt.

Über allen Gipfeln / ist 'Ruh. f'- f'
In allen Wipfeln / Spürest du / kaum einen Hauch; f'- c''
Die Vögelein schweigen im Walde. c''- f'
Warte nur, balde / ruhest du auch. f''- d'', d''- g', g'- a'
balde, balde / ruhest du auch. f''- d'', d''- g', b'- a'

In dem ersten Abschnitt beginnt jede Satzeinheit mit dem gleichen Ton, mit dem die vorangegangene Satzeinheit aufhört. Die gleichen Töne überbrücken die von den Pausen erzeugten Trennungen. Melodisch gesehen ist der erste Abschnitt insgesamt ein in sich geschlossener Kreis. Auch untereinander sind die beiden Abschnitte durch den gleichen Ton - nur um eine Oktave höher versetzt - verbunden. Im zweiten Abschnitt ist dieses Prinzip - außer an einer Stelle - nur bei den kleinen Satzgliedern beibehalten, aber nicht zwischen den zwei Sätzen. Der Grund ist naheliegend: hier handelt es sich um eine Wiederholung, nicht um eine Fortsetzung. Die Verbindung der Satzeinheiten mit gleichen Tönen trägt wesentlich dazu bei, die ruhige Stimmung zu bewahren.

In dem großen Kreis des ersten Abschnitts verbirgt sich noch ein kleiner Kreis: der erste Satz „Über allen Gipfeln ist Ruh" ist der Ursprung des Gedichts. Die Melodie fängt mit dem Grundton an und kehrt nach der sanften Fortschreitung zur Terz wieder zum Grundton zurück. Von da aus führt ein harter Tritonus-Sprung (f'-h') zu den „Gipfeln", wobei die intervallische Tonfortschreitung h'-d'-c' die Gestalt eines Gipfels tonmalerisch darstellt. Nach einem Quartsprung abwärts kehrt die Melodie schließlich zum Ausgangston zurück.

Wenn die f-Töne (T.2,4) den Horizont darstellen, dann illustriert die Melodielinie in den drei Takten die Kontur eines auf und ab. Diese Melodie ist nicht nur eine schöne glatte Linie. Sie bedeutet vielleicht auch die Route eines Wanderers, den Lebensweg eines Menschen. Auf der von drei Grundtönen verbreiteten Basis ragt die Spitze auf, die nur mit gewisser Mühe (Tritonus-Sprung) zu erreichen ist. Das Zurückkommen auf den Grund symbolisiert die Ruhe.

In der zweiten Satzeinheit wird nach einer auftaktigen Dreiklangsbrechung der Spitzenton des Liedes f'' auf „Wipfel" erreicht. Der stufenweise Abstieg mündet dann in die Halbtonschritt c''- h' auf „spürest du" und drückt die Feinfühligkeit vollkommen aus. Die steigende Tonstufe a'- h'- c'' auf „einen Hauch" ist wie eine Antwort auf die Frage („spürest du") und wendet sich zugleich in die Dominanttonart C-Dur.

in al-len Wipfeln spü-rest du kaum ei-nen Hauch;

In der dritten Satzeinheit erfolgt ein auffälliger Septfall (d''- e') auf „schweigen", ein Sturz in den tiefsten Ton des Liedes, gleichsam in den dunklen Wald. Loewe vermeidet hier offensichtlich die naturalistische Vorstellung von Vogelzwitschern. Durch den Septfall wird eher eine geheimnisvolle Stimmung heraufbeschworen. Auffällig ist auch das vorangegangene Wort „Vögelein", auf deren unbetonter Silbe „lein" eine lange Halbe steht.

In der großen Pause zwischen den beiden Abschnitten (T.9-10) tritt zum ersten Mal ein deutliches Motiv in der Begleitung hervor. Die sonst melodisch neutrale Klavierstimme wird bereits am Ende von Takt 9 durch die leittönige Wendung cis''-d'' melodisiert. In Takt 10 kristallisiert sich dann ein dreitöniges Motiv heraus. Dieses Motiv wird gleich von der nachfolgenden Singstimme echoartig imitiert und bildet den Anfang des zweiten Abschnitts (T. 11). Die mit doliss. vorgeschriebene Vorwegnahme ist eine Ankündigung der nachfolgenden Warnung („warte nur"). Die Pause danach (die zweite Hälfte des 11. Takts) entspricht dem Sinn des „Wartens". Das Wort „balde" ist rhythmisch identisch mit dem vorangegangenen „warte nur". Aber die nachfolgende ernsthafte Aussage ist überraschend rasch und flüchtig: „ruhest du", die zwei wichtigsten Wörter des ganzen Gedichts haben nur insgesamt eine knappe Länge von vier Achtelnoten, dem kürzesten Notenwert des Liedes[106]. Zum folgenden Wort „auch" bringt Loewe jedoch in der Begleitung eine ungewöhnliche Trugwendung: statt der erwarteten Tonika erklingt, mit mezzoforte und einer langen Note hervorgehoben, die Zwischendominante zur Tonikaparallele. Es scheint fast, als ob die zwei letzten Verse dem Wanderer zugeflüstert werden. Diese Mahnung wird jedoch nicht auf Anhieb wahrgenommen. Erst mit dem letzten Wort „auch" kommt der Sinn der Worte zum Bewußtsein.

---

[106] Die Kombination kommt nur in Takt 6 vor. Vier Achtelnoten hintereinander mit drei Silben finden sich nur noch bei „kaum einen" . Von der Bedeutung der Wörter her ist dies wohl begründet.

Die Wiederholung der letzten zwei Verse hat eine innere Notwendigkeit. Sie ist nicht bloß eine Verlängerung, sondern sie unterstreicht die Bedeutung der Aussage. Bei der Wiederholung wird „warte nur" durch „balde" ersetzt. Durch diesen Eingriff zeigt Loewe ein eigenes dichterisches Gespür. In der Tat ist „balde" durch das Moment der zeitlichen Nähe noch direkter und eindringlicher. Nach einer nachdenklichen halben Pause wird der entscheidende Schluß „ruhest du auch" nun in längeren Notenwerten angeschlossen. Der Text wird jetzt nicht mehr flüchtig, sondern im vollen Bewußtsein seiner Bedeutung vorgetragen. Das einzige Mal (außer der Wiederholungstelle, T.14) setzt hier die Melodie nach einer Pause nicht mit dem selben Ton fort. Dadurch hebt sich dieser Schluß vom Kontext ab. Melodisch und rhythmisch greift Loewe hier auf den Anfang des Liedes (T.3) zurück. Die Musik realisiert so beim zweiten Vortrag des Textes die im Text enthaltene Verbindung zwischen dem ersten und dem letzten Vers. Im Gegensatz zu dem dortigen Herabsinken auf den Grundton bleibt die Melodie schwebend auf der Terz stehen. Wenn der Grundton die Ruhe symbolisiert, dann deutet dieser offene Schluß wohl an, daß der Wanderer seine Ruhe noch nicht ganz erreicht hat. Die Musik enthüllt den Sinn des Gedichts: der Kontrast und die Parallelität zwischen der Ruhe der Natur und dem sich nach Ruhe sehnenden Menschen.

Vergleichende Betrachtung

Loewe	Schubert	Zelter
op.9, H.I, Nr.3a	op.96,3 (D768)	„neue Liedersammlung"
1817 (1816 ?)	1824	1814
F-Dur, 3/2	B-Dur, 4/4	E-Dur, 12/8
sehnsüchtig klagend und tragend	langsam	still und nächtlich

Über die Schubertsche Vertonung hat Georgiades eine ausführliche Analyse geschrieben, in der Zelters, Loewes und Schumanns Vertonungen auch in Betracht gezogen wurden[107]. Hier wird auf Eingehen auf die Einzelheiten verzichtet.

Ein Vergleich der Gliederung der drei Vertonungen kann die unterschiedliche Konzeption zeigen.

---

[107] Vgl. Georgiades, T. G., Schubert. Musik und Lyrik, Göttingen 1967, S. 17-40.

	Vorspiel	Vers 1-2	Vers 3-5	Vers 6	Vers 7-8	Nachspiel
Zelter	2 x 2	|____|	|____|	|_____|		2
	T	D	T D	T	T	T
Loewe	1	|____|	|_____|		|____|	
	T	T T	Tp D	T	Tp T	
Schubert	1 x 1	|_____|		|____|	|____|	1
	T	T	D D	D	D Tp	T

In Zelters Lied kadenziert der fünfte Vers auf der Dominante (T.8-9). Die letzten drei Verse (Vers 6,7,8) werden in der Musik zu einer Einheit zusammengefaßt. Wie die Textanalyse zeigt, entspricht diese Gliederung dem Text zwar formal, aber nicht sinngemäß.

Bei Schubert werden die ersten fünf Verse in einem Zug durchgeführt. Ein Halbschluß erfolgt nach dem fünften Vers (T.6). Der sechste Vers pendelt zwischen Dominante und Tonika, vollzieht jedoch keine Kadenz. Die zwei letzten Verse mit Wiederholungen erhalten ein eigenständiges musikalisches Gepräge. Was sich aus Georgiades Analyse ergibt, ist die „inselhafte" Sonderstellung des sechsten Verses: hinsichtlich der Proportionen (6+2+6), vor allem aber durch die Veränderung der musikalischen Struktur, des Duktus[108]. Dies ist gerade eine mittlere Lösung der Paradoxie zwischen Form und Inhalt (zwischen Zelter und Loewe). Es scheint, daß von allen drei Komponisten Loewe sich am wenigstens um die Form des Gedichts kümmert. Um so deutlicher ist seine Absicht, den Sinn - nach seiner Auslegung- unmittelbar durch Musik auszudrücken. Außerdem behandelt Schubert den sechsten Vers „volksliedhaft"[109] mit teilweiser Wiederholung des Textes. Zelter verleiht ihm darüber hinaus einen etwas naiv-gemütlichen Tonfall. Bei Loewe hingegen klingt die entsprechende Stelle eher ernst.

Zelters Komposition, der Erwartung seiner Zeit entsprechend, begnügt sich mit einer Musikalisierung der verbalen Sprache. Das Ziel, das Zelter erreichen wollte, ist „der musikalische Vortrag des Gedichts"[110]. Die Verse werden in musikalischen Perioden zusammengefaßt, was Georgiades als „musikalisches Gehäuse" bezeichnet. Das Vorspiel besteht aus je zweitaktig gruppiertem Vorder- und Nachsatz. Mit dem Einsatz der Gesangsstimme wird der Vordersatz als Begleitung übernommen. Der Nachsatz wird

---

[108] Vgl. Georgiades, S. 25, 26.
[109] Georgiades, S. 25, 26.

mit variierter Wiederholung auf zwei Takte erweitert und moduliert in die Dominante. Die Singstimme wird dabei im wesentlichen vom Vordersatz einfach auf den Nachsatz übertragen, ohne im Einzelnen Rücksicht auf die veränderten Verstrukturen zu nehmen. Das Nachspiel entspricht dem Nachsatz.

Georgiades Äußerung, daß Loewes Vortragsvorschrift eine Ähnlichkeit mit Zelters aufweist, ist zumindest vereinfachend[111]. Die Vortragsbezeichnungen in beiden Liedern sind grundsätzlich verschieden. Zelters „still und nächtlich" bezieht sich verbal auf eine allgemeine Stimmung der „äußeren Welt". Loewes Vorschrift „sehnsüchtig klagend und getragen" ist in die tiefere Ebene des Gedichts eingedrungen: er wollte die in der scheinbaren Ruhe verborgene Unruhe ausdrücken. Im Gegensatz zu Zelter geht Loewe neben einer Gesamtstimmung sehr wohl auf Details des Textes ein. Loewe behandelt sorgfältig den lokalen Affekt, der oft vom Sinn des Textes abgeleitet ist. Ein koloriertes Melisma wie bei Zelter auf dem Wort „einen" würde bei Loewe sicherlich nicht vorkommen.

Was Georgiades bei der Schubertschen Vertonung feststellt, trifft zum Teil auch auf die Loewesche zu: „Es wird musikalische Struktur dadurch geschaffen, daß die Sprache als Reales erfaßt, daß sie `beim Wort' genommen wird. Die Sprache, so verstanden als Satzgefüge, Funktion des Verbums, Verknüpfung von Vorstellung, ist sowohl der Musik - und darauf kommt es wesentlich an- als auch dem Gedicht (als Kunstwerk) übergeordnet."

Loewe hat gewiß keine „musikalische Struktur" geschaffen wie Schubert. Jedoch versucht er, mit beschränkten musikalischen Mitteln, die Sprache durch die Musik auszudrücken.

In Schuberts Vertonung sind die einzelnen Satzeinheiten jeweils ein neues Gefüge: „Jedes Glied unterscheidet sich also wesenhaft von den anderen durch sein nur ihm eigenes Gefüge"[112]. Der Zusammenhang entsteht jedoch nicht durch einen kontinuierlichen Ablauf, sondern durch Zusammensetzung verschiedenartiger Glieder, die aber gleichwohl aufeinander bezogen sind, ähnlich wie sprachliche Glieder[113].

---

[110] Georgiades, S. 33.
[111] Vgl. Georgiades, „Es ist bezeichnend, daß uns auch bei Loewe, ähnlich wie bei Zelter, eine auf die Gesamtstimmung bezugnehmende Vortragsvorschrift, sehnsüchtig klagend und getragen, begegnet". S. 36.
[112] Georgiades, S. 21.
[113] Vgl. Georgiades, „durch Trennen zusammenzufügen ...", S. 31.

Im Bezug auf Loewes Vertonung kritisiert Georgiades: „... es zeigt sich im musikalischen Satzbau kein Ansatz zum Erfassen des Eigengewichts und der Funktion der einzelnen Sprachglieder. Man stößt auf keinen körperhaften Widerstand. Beim Versuch, die musikalischen Glieder festzuhalten, zerrinnen sie, sie zerfließen in ein einheitliches harmonisches Kontinuum"[114]. Das Moment des Einheitlichen, Kontinuierlichen ist nicht zu leugnen. Bei Schubert bilden in der Tat die Singstimme und der Klaviersatz einen mehrdimensionalen Raum, während bei Loewe der Klaviersatz lediglich ein Kontinuum bleibt und der Ausdruck im Wesentlichen der Singstimme vorbehalten ist. In der Loeweschen Vertonung ist die Singstimme jedoch nicht ganz so widerstandslos. Es sollte ausreichend nachgewiesen sein in der vorangegangenen Analyse, wie Loewe die Funktion einzelner Satzglieder musikalisch umsetzt.

Unter den drei Vertonungen ist die Schubertsche am spätesten entstanden, zu einer Zeit als das von ihm geschöpfte Kunstlied bereits voll entwickelt ist. Sie gehört zu den reifen Kompositionen des Meisters und ist als Maßstab zu hoch für die frühe Vertonung von Loewe. Andererseits weist jedoch Loewes textorientierte Vertonungsweise in eine andere Richtung als Zelter und hat in dieser Hinsicht nicht viel Gemeinsamkeit mit der Berliner Liederschule.

---

[114] Georgiades, S. 36.

2. Ich denke dein (Nähe des Geliebten)

Das Gedicht entstand als eine Umdichtung von Friederike Bruns „Ich denke dein". Die direkte Anregung kam von Zelters Vertonung[115], der Bruns Gedicht zugrundeliegt. Goethe schrieb in einem Dankbrief an Friederike Unger über Zelter: „Sie haben mir .... durch Ihren Brief und die überschickten Lieder sehr viel Freude gemacht. Die trefflichen Compositionen des Herrn Zelter haben mich in einer Gesellschaft angetroffen, die mich zuerst mit seinen Arbeiten bekannt machte. Seine Melodie des Liedes: ich denke dein hatte einen unglaublichen Reitz für mich und ich konnte nicht unterlassen, selbst das Lied dazu zu dichten..."[116]. Durch diese erste Begegnung mit Zelters Musik entwickelte sich auch eine lange und enge Freundschaft zwischen Goethe und Zelter. Im Jahre 1808 vertonte Zelter das Goethesche Gedicht, das den Titel „Nähe des Geliebten" trägt.

Loewe hat den Text zweimal vertont. Die erste Fassung hat Loewe im Jahr 1816 komponiert. In diesem Frühwerk hat Loewe trotz der regelmäßigen Strophenform die Form des reinen Strophenliedes durchbrochen und mit der Durchkomposition experimentiert. Die zweite Fassung ist für vier Stimmen gesetzt. Schubert hingegen vertont das Lied als reines Strophenlied. Bei Zelter handelt sich um ein variiertes Strophenlied. Das Gedicht wurde in der Tat von mehr als 6o Komponisten in Musik gesetzt[117].

Der Text

1 Ich denke dein, wenn mir der Sonne Schimmer
2 Vom Meere strahlt;
3 Ich denke dein, wenn sich des Mondes Flimmer
4 In Quellen malt.

5 Ich sehe dich, wenn auf dem fernen Wege
6 Der Staub sich hebt;
7 In tiefer Nacht, wenn auf dem schmalen Stege
8 Der Wandrer bebt.

---

[115] Die Vertonung befindet sich in „Zwölf Lieder, am Clavier zu singen" vom 1795.
[116] Zitiert nach dem Brief am 13. Juni 1796, WA IV, 11, S.92.
[117] Siehe E. Challier, Grosser Lieder-Katalog mit Nachtrag, S. 620-621.

9	Ich höre dich, wenn dort mit dumpfem Rauschen
10	Die Welle steigt.
11	Im stillen Haine geh ich oft zu lauschen,
12	Wenn alles schweigt.

13	Ich bin bei dir, du seist auch noch so ferne,
14	Du bist mir nah!
15	Die Sonne sinkt, bald leuchten mir die Sterne,
16	O wärst du da!

Das vierstrophige Gedicht hat eine sehr regelmäßige Form. Jede Strophe besteht aus zwei Verspaaren, die aus einem langen und einem kurzen Vers gebildet sind. Das jambische Metrum und der Wechsel von Fünfhebern und Zweihebern werden in allen vier Strophen durchgeführt. Jeder lange Vers, bis auf die einzige Ausnahme von Vers 11, ist durch ein Komma hinter der zweiten Hebung in zwei Teile getrennt, so daß der erste Teil (vier Silben mit zwei Hebern) mit dem Metrum des nachfolgenden kurzen Verses identisch ist. Dies verstärkt wiederum den Eindruck der Regelmäßigkeit.

Jede Strophe hat ein gekreuztes Reimpaar. Die langen Verse enden mit dem weiblichen Reim, die kurzen mit dem männlichen. Die Regelmäßigkeit ist in der ersten Strophe besonders streng eingehalten. Die beiden Verspaare fangen mit „ich denke dein" an und weisen eine Parallelität nicht nur in der Satzstruktur, sondern auch in jedem einzelnen Wort auf. Doch die geschilderten Naturbilder (Sonne - Mond, Meer - Quelle) stehen im starken Kontrast zueinander.

Ab der zweiten Strophe wird die Regelmäßigkeit nicht mehr ganz streng beibehalten. Auf diese Weise werden schablonenartige Wiederholungen vermieden. Eine Inversion kommt in der zweiten Strophe vor und die Subjekte (der Staub, der Wanderer) befinden sich nun am Anfang der kurzen Verse. Im zweiten Verspaar ist der Versanfang durch eine andere Phrase ersetzt, so daß die „Ich-Du-Beziehung" („ich sehe dich") nur einmal benutzt wird.

In der dritten Strophe weitet sich der Hauptsatz zu einem längeren Vers und der Nebensatz wird verkürzt. Im zweiten Verspaar erhält der Hauptsatz einen größeren Fluß durch die Umstellung der Interpunktion („Im stillen Haine geh ich oft zu lauschen,").

Obwohl die Satzform beibehalten ist, ist die Satzstruktur der vierten Strophe grundsätzlich geändert: jedes Verspaar enthält nun drei vollständige Sätze.

Der tiefere Sinn wird dem Inhalt und der Form entsprechend von Strophe zu Strophe durch immer mehr Bilder erweitert. Die vier Strophen gliedern sich in drei Teile, die jeweils den drei Stufen, nämlich Darstellung (Strophe 1), Entwicklung (Strophe 2+3) und Zusammenfassung (Strophe 4) entsprechen.

In der ersten Strophe wird das Hauptthema, die Sehnsucht dargestellt und durch die Wiederholung (ich denke dein) bekräftigt. In der zweiten und dritten Strophe steigert sich die Sehnsucht zur Illusion (ich sehe dich, ich höre dich). Die Sehnsucht erreicht die Grenze des Wahns im elften Vers, wo der Dichter auf einem bisher immer mit „wenn" beginnenden Satz verzichtet. Hier wird der denkende Mensch zum handelnden: vorher war er passiv. Er denkt, sieht oder hört, wenn die Außenwelt ihn erregt; nun sucht er von sich aus die Spur, auch wenn nichts geschieht („alles schweigt").

In der letzten Strophe wird zuerst die Illusion zusammengefaßt („ich bin bei dir"). Es ist eine subjektive Behauptung ohne wenn und aber, die die Tatsache (die „Ferne") einfach ignoriert. Danach kehrt aber die Gegenwart (mit Konjunktiv „O wärst du da") zurück. Die Nacht kommt und der Sehnsüchtige muß der Realität nachgeben.

Die Musik

Die regelmäßige Form des Textes bietet die Voraussetzung für ein Strophenlied, wie für die später zum Vergleich herangezogenen Vertonung von Schubert. Daher ist es um so bemerkenswerter, daß Loewe dieses Gedicht durchkomponiert hat. Hinsichtlich des Inhalts ist es durchaus berechtigt, ein durchkomponiertes Lied aus dem Text zu schaffen. Wie die Textanalyse zeigt, ist trotz der äußeren Regelmäßigkeit die Form eines strengen Strophenliedes wegen der variierten Satzstruktur nicht unbedingt zufriedenstellend, wenn eine präzise musikalische Entsprechung der einzelnen Worten oder Stimmungen (Szene) angestrebt wird. Es ist auch zu bemerken, daß die sechs Verspaare, die jeweils die kleinste Einheit der formalen Wiederholung bilden, sehr unterschiedliche, manchmal kontrastierende Szenen darstellen. Auch die unterschiedliche musikalische Behandlung der Strophen ist überzeugend, wenn man bedenkt, daß dem Gedicht ein sich inhaltlich entwickelnder Prozeß innewohnt.

Loewes umfangreiches Lied umfaßt 89 Takte. Es steht in Es-Dur, einer Tonart, die von Schubart als „der Ton der Liebe" interpretiert wird und dem Inhalt des Gedichtes gut entspricht. Auf den ersten Blick fallen die häufigen Tonart-, Takt- und Tempowechsel sowie die fortwährend wechselnden Begleitungsfiguren auf. Jedes Verspaar bildet einen Abschnitt, in welchem ein charakteristisches Stimmungsbild erzeugt wird. Jeder Abschnitt ist entweder durch eine geschlossene Tonart oder durch eine eigenständige Begleitung gekennzeichnet. Dies läßt auch an Loewes Balladen erinnern. Mehrere getrennte Stationen und wechselnde Szenen, in denen ein einzelnes Stimmungsbild ausgemalt wird, ziehen vorüber. Außerdem gewinnt man den Eindruck, daß Loewe den lokalen Affekt, der sich auf einzelne Worte oder Sätze bezieht, nachzuzeichnen sucht. Zwischen den einzelnen Bildern besteht jedoch kaum ein Zusammenhang. In der musikalischen Struktur liegt entsprechend auch nur ein lockeres Gefüge vor. Es fehlt ein sich durchziehender musikalischer Faden.

Zur Veranschaulichung der Gliederung der Verse dient folgende Tabelle:

Strophe	Vers	Taktart	Tonart	Tempo	Taktzahl
Vorspiel		6/4, 3/2	Es	Adagio	6
1	1+2	3/2	Es		8
	3+4	4/4	B	Andantino	10
2	5+6	3/4	B		11
	7+8		F		8
3	9+10		d - A		8
	11+12		F		13
4	13+14		F	Espressivo	8
	15+16		C		16
Nachspiel			Es		4

Das Vorspiel besteht aus zwei 6/4- und vier 3/2-Takten, in denen sich die ruhige, in Vierteln fallende Bewegung mit Trugschluß (T. 1,2) in eine unruhigere Triolenfigur (T. 3-5) verwandelt. Es endet mit einem langen Schlußton (T. 6) auf der Tonika. In diesem Vorspiel vermittelt Loewe so zwei unterschiedliche Gemütsstimmungen, die die innerliche Sehnsucht und die äußere Erregung spiegeln.

Der Anfang der ersten Strophe „ich denke dein" wird durch die langen, gedehnten Silben und die klare Kadenz (T-S-D) hervorgehoben. Die darauffolgenden volltönenden Akkordschläge in Vierteltriolen des Klaviers vollziehen einen dynamischen Gang vom pianissimo, crescendo über forte, fortissimo bis zum diminuendo, dem die allmähliche Reduzierung der Akkordtöne in Takt 14 entspricht. Dies gibt das Anschwellen und Abebben des Meeres tonmalerisch wieder. Auch die Melodik und Harmonik unterstützen diesen Vorgang. Nach einem wellenförmigen Aufstieg hebt der Spitzenton des ganzen Liedes (as'') über dem Dominantseptakkord das Wort „Meer" hervor. Bei trugschlüssiger Bildung (B7 - Ces) erhält das Wort „strahlt" in Takt 12 eine harmonische Färbung.

Beim Wandel des Naturbildes (nunmehr der schillernde Mond) wird die Bewegung geschmeidiger im gleichmäßig gehenden Rhythmus. Eine durch Bindebogen phrasierte Baßlinie wird in Vierteln sequenziert und bildet mit der rechten Hand in Achtelbewegung teils Sexten, teils Terzen, wobei die Singstimme mit der gruppierten Baßlinie einen Ton repetiert und sequenziert (T. 15-18). Anschließend malt Loewe die „Quelle" mit wellenartigen Dreiklangsbrechungen in Triolen (T. 20-24), die zwischen Tonika und Subdominante wechseln.

Ein grobes Modell wird in dieser ersten Strophe aufgestellt. Der Versanfang („ich denke dein"), der im Gegensatz zum nachfolgenden lyrischen Bild ein bloßes Abstraktum des Denkens beschreibt, wird vom weiteren Text in der Musik durch eine Pause abgesetzt, deklamatorisch ruhig und leise (piano) vorgetragen und musikalisch schlicht behandelt. Diese Schlichtheit besteht in Rhythmus, Harmonie und Melodie. Danach setzt sich die Bewegung gleich in Gang und der Ausdruck wird in jeder Hinsicht gesteigert. Das Gewicht fällt völlig auf das bildhafte Stimmungsgemälde.

Dieses Modell gilt auch für die zweite Strophe. Der Versanfang „ich sehe dich" wird vom weiteren Text durch eine Viertelpause auf der Fermate abgegrenzt. Rhythmisch (Dreiertakt), deklamatorisch (in absteigenden Vierteln skandierend) und dynamisch (piano) ähnelt er dem der ersten Strophe. Danach beschleunigt die Klavierbegleitung mit Achteltriolen in anders gerichteter Bewegung in beiden Händen.

In der zweiten Hälfte der zweiten Strophe wird die „tiefe Nacht" durch das Absinken in eine tiefe Lage (die Singstimme) bei gleichzeitiger klanglicher Ausdünnung wiedergegeben. Auch harmonisch wird hier die Stimmung durch Sekundreibung (T. 37), entfernte Klänge (Wendung über den verminderten Septakkord in den Bereich von des-Moll) verdunkelt. Unter Verwendung eines enharmonisch verwechselten Akkordes (T. 39) wird zu d-Moll übergeleitet; daraufhin wird dieser Abschnitt dominantisch auf A abgeschlossen.

Die Abgrenzung zwischen der zweiten und dritten Strophe wird jedoch nicht, wie in der vorangegangenen Strophe, klar gekennzeichnet. Die Klavierbegleitung wird auf dem dominantischen Schlußton der zweiten Strophe fortgesetzt und wandelt sich vor dem Beginn des Versanfangs („ich höre dich") in eine charakteristische Formel. Dadurch werden die zwei mittleren Strophen zu einer Einheit zusammengeschweißt. Diese Strophengliederung [1 + (2+3) + 4] entspricht genau dem Sinn des Textes.

Loewe gestaltet die erste Hälfte der dritten Strophe als große dramatische Geste. Die hastige, aufwärtsrollende Sechzehntelbewegung in der linken Hand bildet, zusammen mit den mächtigen Akkordschlägen in der rechten Hand, die „Welle" tonmalerisch ab („wenn dort mit dumpfem Rauschen"). Die Gesangsmelodie wird zugleich durch den punktierten Rhythmus belebt und steigt von Takt 46 bis 48 in den Spitzentönen jeweils um einen Ton höher ("die Welle steigt").

Nach dem Abebben der Welle (T. 50) kehrt die Musik wieder zu einem idyllischen Ton in F-Dur zurück, wie es dem Text gemäß ist („im stillen Hain"). Die Stimmlage in der Begleitung rückt höher und der Ausdruck wird plötzlich weicher („dolce", T. 52). Bei der Textstelle „da geh´ ich oft zu lauschen" klingt die Musik beweglicher, leichter. Die Singstimme wird in der Begleitung mitgespielt, während eine Mittelstimme den Orgelpunkt f´ festhält (T. 55-58). Das Wort „schweigt" in Takt 61 ist deklamatorisch (Dehnung auf Fermate), harmonisch (von der Dominante zur Doppeldominante, vor allem der chromatische Schritt c zu cis in der obersten Stimme des Klaviers) und dynamisch (pp) hervorgehoben. Die Schlußkadenz erfolgt zu der Wortwiederholung von Takt 62 bis 63.

Damit kann ein neuer Abschnitt mit der letzten Strophe begonnen werden, der auch eine Vortrags- und Tempobezeichnung (espressivo, con molto affetto) erhält. Beim Anfang der vierten Strophe „ich bin bei dir" wird die Atmosphäre eines vertrauten Heimes musikalisch nachempfunden (wiederum in F-Dur). Die wiederholten Wörter „du bist mir nah" werden im Vergleich zu den vorangegangenen Worten relativ gedehnt deklamiert. Im Übergang zur zweiten Hälfte (T. 72-74) kündigt eine Molleintrübung (F - f) einen erneuten Stimmungswechsel an. Die zweite Hälfte beginnt in C-Dur und die Singstimme wird zunächst sequenzierend fortgesponnen (T. 75-78). Die Textstelle „O wärst du da" wird beim ersten Erscheinen durch längere Notenwerte betont, vorbereitet schon durch den weichen neapolitanischen Sextakkord im piano bei „Sterne" (T. 79) und endet mit einem Trugschluß (T. 82). Sie wird anschließend drei Mal wiederholt. Zunächst erscheinen die Wiederholungen bekräftigend (mit Kadenz, T. 81-83), dann erhalten sie jedoch durch die plagal gefärbte Schlußwendung und die Chromatik c-ces-b in der Singstimme einen resignierenden Zug.

Loewe hat als junger Komponist mutig und mit vollem Selbstbewußtsein dieses sehr regelmäßige Gedicht mit großer Sorgfalt durchkomponiert. Hier offenbart er sich als großer Musikerzähler. Offensichtlich ist der Inhalt dieses Textes für ihn viel wichtiger als die Form. In seiner Vertonung entwickelt sich die Musik nach dem Verlauf des Textes. Die verbale Sprache wird ins Musikalische übersetzt, das heißt, entweder als tonmalerisches Moment gefaßt oder in einem dem Inhalt entsprechenden Ton wiedergegeben. Die wechselhaften Stimmungen, der Kontrast zwischen den Zeilen wird unterschiedlich nuanciert dargestellt. Jedoch sind sie nicht von Dauer, sondern bleiben dem Augenblick verhaftet. Ihnen fehlt eine übergeordnete Struktur, die die einzelnen Szenen zusammenfaßt.

Vergleichende Betrachtung

Loewe	Schubert	Zelter
op.9, H.3, Nr.1	op.5, 2 (D 162)	
1817 (1816 ?)	1815	1808
Es-Dur	Ges-Dur, 12/8	D-Dur, 4/4
Adagio	langsam, feierlich mit Anmut	Andantino
durchkomponiert	Strophenlied	variiertes Strophenlied

Es ist hier sehr interessant, daß die drei Komponisten drei verschiedene Formen zum Komponieren gewählt haben.

Zelter hat das Gedicht nicht wie den Brunschen Text als reines Strophenlied vertont, sondern als variiertes Stophenlied[118] gefaßt. Der Grund hierfür liegt darin, daß in Goethes Text - im Gegensatz zu Bruns' - jede Strophe unterschiedlich beginnt, („ich denke dein", „ich höre dich", „ich sehe dich", „ich bin bei dir") und dadurch der Strophenanfang von Zelter mit einer andersartigen Melodie versehen wird. Der weitere musikalische Verlauf bleibt sich weitgehend gleich. Nur die Stelle „die Sonne sinkt" erscheint modifiziert. Die Melodie bei „ich bin bei dir" wird noch deklamatorisch von den anderen abgehoben.

Schubert hat in seiner frühen Vertonung „Nähe des Geliebten"[119] die Form des Strophenliedes gewählt. Ihr Wert wird jedoch nicht durch diese einfache Form verringert.

---

[118] Andererseits läßt sich durch die dominierende Anaphernbildung, die für das Strophenlied prädestiniert ist, auch von einem modifizierten Strophenlid sprechen.
[119] Es gibt zwei Fassungen von diesem Gedicht. Die zweite wird zum Vergleich genommen.

Sie zeichnet sich durch eine reflektierte Gesangsmelodie aus, wie die Analyse von Georgiades zeigt[120].

Es ist zunächst sehr auffallend, daß in der musikalischen Struktur das Abweichen von der formalen Regelmäßigkeit beabsichtigt wird, wenn man davon ausgeht, daß Schubert die musikalische Faktur von der ersten Strophe ableitet. Denn die gleichgebauten Verspaare werden musikalisch differenziert behandelt. Die beiden Verspaare enthalten jeweils eine melodische Linie, die den Umfang von ges″ bis ges′ ausführt. Jedoch weisen sie eine andersartige Gliederung auf: das erste Verspaar eine Dreiergliederung und das zweite Verspaar eine Zweiergliederung.

1. Verspaar   Ich denke dein,   wenn mir der Sonne Schimmer   Vom Meere strahlt.

2. Verspaar   Ich denke dein,   wenn sich des Mondes Flimmer   In Quellen malt.

Nach dem Versanfang des ersten Verspaares wird ein neuer Einsatz durch einen auftaktigen, „leichten Stoß" erzeugt, während der Versanfang des zweiten Verspaares durch eine Pause von dem nächsten getrennt ist. Durch das Zusammenrücken des Ende des dritten Verses mit dem vierten ergibt sich die Zweiergliederung, die die melodische Schlußsteigerung bedingt.

Georgiades spricht bei diesem Schluß vom „Moment des Sich-Ereignenden"[121]. Bei der Stelle „Mondes Flimmer, in Quellen malt" entsteht ein musikalisches Ereignis durch die Veränderung der Maßeinheit (vom ♩ zum ♩.), der Begleitungsformel (von der gleichmäßig repetierenden Achtelbewegung zur synkopierten Achtelfigur) und durch das einzige Sechzehntel des Stückes[122].

In der Melodiebildung ist es erwähnenswert, daß trotz der unterschiedlichen Gliederung in jedem Verspaar das rhythmisch prägnante Motiv mit der Silbendehnung (♩. ♪ ♫) dreimal vorkommt.

---

[120] Vgl. Georgiades, S. 50-57.
[121] Vgl. Georgiades, S. 53, 54.
[122] „Dieses inselhafte Auftauchen der andersartigen Belgeitung zusammen mit der Sechzehntel-Zuckung bilden die Lebensmitte des Liedes, sie sind das Ereignis ...". Georgiades, S. 53.

Diese Beschränkung im motivischen Material zeigt im Gegensatz zu Loewes Durchkomposition, deren Typus einen viel größeren musikalischen Freiraum gewährt, daß sich Schubert bewußt formale Grenzen setzt, innerhalb derer er durch feinste motivische Anknüpfung und Variation ein abwechslungsreiches Stimmungsbild schafft.

Auch die zweitaktige Klavierbegleitung weist eine bemerkenswerte Besonderheit auf. Der Ton B im Baß, der am Anfang innerhalb des B-Dur-Dreiklangs auftritt, wird - einhergehend mit dem chromatischen Aufstieg (d''-es''-e''-f''-ges'') der Klavieroberstimme -, über den oberen Halbton ces' zur Terz des Ges-Dur-Klangs, der zugleich die Grundtonart des Liedes ist, geführt. Dieses eindringliche Vorspiel mündet mit dem Gesang in einen „wärmestrahlenden Sextakkord"[123]. Auch das zweitaktige Nachspiel „stellt eine Zusammenfassung des Liedgeschehens dar"[124], insofern alle für das Lied konstitutiven Elemente enthalten sind. Damit unterscheidet es sich maßgebend von den Vor- und Nachspielen von Loewes und Zelters Vertonungen, die sich in ihrer Stimmung schildernden Funktion genügen.

Ein weiterer Unterschied liegt in der Textbehandung. In Schuberts Lied wird kein Wort wiederholt, „das ganze Lied ist aus einem Guß gerafft"[125]. Dagegen erweitert Loewe die Musik durch zahlreiche Vers- und Wortwiederholungen. Sie haben nur eine platzfüllende Funktion, da die Musik der einzelnen Abschnitte durch die Einführung vieler tonmalerischer Elemente mehr Raum beansprucht.

Bei der Ballade ist dieses Faktum nicht so auffallend. Eine Handlung ist von Natur aus ein sich entwickelnder Prozeß, dem ein solches kompositorisches Prinzip durchaus gerecht wird. Ein lyrisches Gedicht hingegen, und hier ist Goethes Gedicht ein gutes Beispiel, verlangt viel eher nach einer einheitlichen Grundstimmung, die dem genauen Satzbau folgt.

---

[123] Zitiert nach Georgiades, S. 51.
[124] Zitiert nach Georgiades, S. 54.
[125] Zitiert nach Georgiades, S. 51.

3. Nur wer die Sehnsucht kennt

Das aus dem „Wilhelm Meister Lehrjahren" (Buch II) stammende Lied (1785) ist wiederum ein sehr beliebtes Gedicht, welches viele Komponisten in Musik gesetzt haben. Es wird von Loewe, Zelter und Reichardt als „Sehnsucht" betitelt. Von Schubert (Lied der Mignon) gibt es sechs Bearbeitungen mit mehreren Fassungen. Die späteste (op.62, Nr.4) wird beim Vergleich herangezogen. Reichardt hat es zwei Mal komponiert[126]. Zelter hat den Text insgesamt vier Mal vertont[127].

Der Text

1 Nur wer die Sehnsucht kennt,
2 Weiß, was ich leide!
3 Allein und abgetrennt
4 Von aller Freude,
5 Seh ich ans Firmament
6 Nach jener Seite.
7 Ach! der mich liebt und kennt,
8 Ist in der Weite.
9 Es schwindelt mir, es brennt
10 Mein Eingeweide.
11 Nur wer die Sehnsucht kennt,
12 Weiß, was ich leide!

Das einstrophige Gedicht besteht aus zwölf Versen. Es steht in jambischer Folge mit abwechselnden Dreihebern und Zweihebern. Eine andere Skandierung wäre bei den Versen 1/2 (bzw. 11/12) und 7/8 mit einem Wechsel von Trochäen und Jamben möglich.

Der gekreuzte Reim geht stumpf (a) und klingend (b) abwechselnd durch (a b a b ...). Diesem Reim nach besteht das Lied aus sechs Einheiten, die jeweils von zwei Versen gebildet werden. Man kann zunächst die Verse durch die Wiederaufnahme der ersten zwei Verse in drei Abschnitte gliedern (2+8+2 Verse). Dem Sinn gemäß wird eine Gliederung in vier kleine Teile (2+4+4+2) vorgenommen.

---

[126] Eine andere Komposition ist ein Duett.
[127] Nämlich in den Jahren 1796, 1807, 1812 und 1821.

Die ersten zwei Verse stellen die zwei Themen des Gedichtes auf: Sehnsucht und Leiden.

Der Leser erwartet eine weitere Ausführung in den darauffolgenden Versen, die jedoch zunächst nicht direkt beantwortet werden. Der zweite Teil (Vers 3-6) streift die beiden Themen. Die Verse 3 und 4 sprechen von Leiden unter der Einsamkeit, die Verse 5 und 6 von Sehnsucht, die durch die weite Entfernung ausgelöst wird.

Der dritte Teil geht nun näher an die Sache heran. Die Verse 7 und 8, als eine direkte Fortsetzung der Verse 5 und 6, sprechen wieder von Sehsucht, diesmal nach einer Person, die Verse 9 und 10 wieder von Leiden. So weist die Struktur des ganzen Gedichts, dem Sinne nach, eine spiegelbildliche Symmetrie auf. Während im zweiten Teil (Vers 3-6) der Ton noch sanft und zurückhaltend ist, ist der dritte Teil (Vers 7-10) von einer viel stärkeren Intensität. Verse 7 und 8 verraten zwar nicht die Person, geben aber doch den konkreten Grund der Sehnsucht an. Verse 9 und 10 beschreiben ein starkes psychosomatisches Symptom und bilden die Kulmination des Gedichts, das, trotz der Symmetrie, ein Prozeß der Steigerung ist.

Dadurch sind die am Schluß wiederholten Verse (11 und 12) nicht mehr die selben wie am Anfang. Am Anfang geben sie einen Ausruf, eine die Neugier und Mitleid erweckende Einleitung. Am Ende stellen sie die emphatische Bestärkung des vorangegangenen Gefühlsausbruchs dar.

Die Musik

Loewes Vertonung ist ein durchkomponiertes Lied, das musikalisch immer wieder neues Material bringt. Die Aufteilung der Verse (6+2+2+2) deutet Loewes eigene Auslegung des Gedichts an.

Grob gesehen kann man es zunächst als aus zwei Teilen (der erste Teil: T. 1-8, der zweite Teil: T. 10-34) bestehend betrachten. Die beiden Teile umfassen jeweils 6 Verse. Der Einsatz der Singstimme im zweiten Teil wird durch zwei instrumentale, beschleunigende („poco a poco piu stretto") Takte vorbereitet. Die Besonderheit der Gliederung besteht darin, daß Loewe die ersten sechs Verse zusammenfaßt, in dem er sie mit Sequenzbildungen flüchtig durchzieht. Die letzten sechs Verse lassen sich durch Kadenzen dreimal in zwei Paare gliedern (2+2+2). Sie nehmen jedoch wesentlich mehr Platz als die ersten sechs ein und beanspruchen 25 Takte, die mehr als drei Viertel der gesamten Länge (34 Takte) ausmachen.

Loewes dramatische Auffassung des Texts spiegelt sich vollkommen in der Musik wieder. Die aus dem Innern herausgewachsene „Sehnsucht" wird durch das Zusammenwirken von der Klavierbegleitung mit der Singstimme effektvoll dargestellt. Es findet ein sich entwickelnder Prozeß statt, der eine dramatische Ausführung erfährt.

Die in der linken und rechten Hand abwechselnd angeschlagene Begleitungsfigur aus Baßtönen und Akkorden bleibt von Anfang bis Ende bestehen. Sie wird jedoch zu einer immer drängenderen Bewegung geführt, die durch die am Anfang des zweiten Teils (T. 9) hinzukommende starke Synkopierung und die Tempovorschrift „nach und nach immer schneller" intensiviert wird. Andererseits tragen die Baßtöne den ausdrucksstarken Gestus. Dieser entsteht durch Vorhaltsbildung und akzentuierte Binnenstruktur von jeweils zwei gebundenen Vierteln (T.8ff., 22-28, 33ff.). Hervorstechend ist noch die Akzentverschiebung zur Betonung des dramatischen Affekts im vorletzten Vers (T. 22-28). Die Vorhalte auf den nun schweren Taktteilen verstärken die heftige, unruhige und schwankende Bewegung der Begleitung.

Die Gesangsmelodie im ersten Teil entspricht dem jambischen Metrum und wirkt zum größten Teil durch die kleinen Notenwerte (vorwiegend Achtelnoten und Viertelnoten) nur flüchtig. Die Singstimme gibt in den ersten zwei sequenzierten Versen (1+1) durch die absteigende Chromatik den sehnsüchtigen Schmerz der affektiven Wörter („Sehnsucht" und „leiden") wieder. Die Verse 3 und 4 werden ebenfalls sequenziert gegliedert (1+1), wobei die Singstimme einen Ton zunächst repetiert und auf dem Wort „abgetrennt" ein textausdeutender Sextsprung erscheint, der bei „Freude" einen Ganzton tiefer wiederholt wird. Loewe vertont hier allerdings nicht naiv den Wortsinn von „Freude", sondern stellt durch den Sprung in die Mollterz das „Abgetrenntsein" von der Freude dar. Nach dem dritten Sextsprung auf „Firmament" wird eine chromatisch aufsteigende Linie mit Halbenoten gebildet. Nach der Viertelpause in Takt 6 wird die chromatische Linie fortgesetzt und verknüpft so den sechsten Vers („nach jener Seite") mit dem fünften zu einer Einheit, was der Singstimme eine gewisse Räumlichkeit und einen längeren Atemzug verleiht. Damit ergibt sich für diesen Teil eine emphatische Formgebung (2+2+4).

Im Vergleich zum ersten Teil herrscht im zweiten eine insgesamt freiere und gedehntere Gesangsdeklamation vor. Hinzu kommen große Intervallsprünge (vorwiegend Oktav-, Sext- und Quintsprünge), die ein schwankendes Gefühl erzeugen.

Die ersten zwei Verse des zweiten Teils (Vers 7 und 8) gliedern sich musikalisch in zwei Viertakter (T. 11-14, 15-18). Melodisch (die Singstimme gliedert sich in zwei

Dreiertakt) ist der zweite Viertakter eine Variante des ersten. Der weitgezogene melodische Bogen deutet die Entfernung („in der Weite") an.

Die bis jetzt ziemlich klar gegliederte Gesangsmelodie wird vom neunten Vers an aufgegeben. Die Singstimme wird durch (vorwiegend) punktierten Rhythmus in Schwung gebracht. Das Wort „schwindelt" erhält einen emphatischen Akzent durch die veränderte Struktur der Klavierbegleitung mit einem Forte-Stoß (T. 19). Der verminderte Septakkord und der verminderte Septsprung in der Singstimme verstärken noch das Gefühl des Schwankens.

Den zwei letzten Versen („Nur wer die Sehnsucht kennt, weiss was ich leide") kommt am Ende des Liedes ein ganz anderes Gewicht zu. Loewe hatte die selben Worte am Anfang noch nicht besonders hervorgehoben. Am Schluß gewinnen sie nun ein bedeutungsvolles Eigengewicht. Das Wort „weiss" wird zweimal wiederholt und durch lange Pausen getrennt, förmlich auseinandergerissen. Diese Pausen zwischen den Worten (T. 26,27,28) und die dissonierende Reibung zwischen der Singstimme (es'') und dem Baßton im Klavier (ein Vorhalt d, T. 28) erzeugen eine starke dramatische Spannung, wodurch die insistierende Wirkung der Aussage noch verstärkt wird. Ganz in diesem Sinne fügt sich auch die letzte Silbe „leide", die über zwei Takte mit melismatischer Bildung gedehnt wird, und der sich anschließende Stretta-Schluß in der Klavierbegleitung.

Loewes Lied ist in harmonischer Hinsicht bedeutend. Am Anfang ist eine feste Tonart nicht erkennbar. Es fehlen klare tonale Ausgangs- und Zielpunkte. So erweckt die Harmonie eher den Eindruck eines ziellosen Umherschweifens, was an die Sehnsucht gemahnt, die keine Ruhe findet. Als Stationen werden g-Moll/Dur, f-Moll/Dur, c-Moll, b-Moll, as-Moll und Des-Dur kurz berührt. Von Takt 1 bis 4 ist eine chromatisch fallende Linie (c-h-b-a-as-g-ges-f-fes-es) in der obersten Stimme der Begleitung zu erkennen, die einen gewissen musikalischen Zusammenhang stiftet. Der erste Teil endet schließlich in B-Dur, noch immer nicht erkennbar auf c-Moll bezogen.

Erst nach dem Abschluß des ersten Teils kristallisiert sich c-Moll als Grundtonart heraus (T.9). Dieses wird zum ersten Mal am Schluß des achten Verses bei „Weite" (T. 17) erreicht, zwei Takte später jedoch schon wieder verlassen und zwar auf das Wort „schwindelt". Die nächste Zäsur ist mit dem Halbschluß auf „Eingeweide" (T. 22) erreicht, der jetzt jedoch auf a-Moll bezogen ist. Die Grundtonart c-Moll wird schließlich wieder gewonnen in Takt 28 und endgültig in Takt 32 durch eine Kadenz befestigt.

Vergleichende Betrachtung

Loewe	Schubert	Reichardt	Zelter
op.9, H.3, Nr.5	op.62, Nr.4	„Lieder der Liebe" [128]	„sechs Lieder für Alt" [129]
1818 (1816 ?)	1826	1798	1812
c-Moll, 4/4	a-Moll, 6/8	d-Moll, 4/4	a-Moll, 3/4
nach und nach schneller	langsam	langsam	getragen und fließend

	Vs.	Vers 1-2	Vers 3-6	Vers 7-8	Vers 9-10	Vers 11-12	Ns.
Zelter	4						5
	a-E	a	E E	a	E	H a	a
Reichardt							
		d	A F	d	A	A F	d
Loewe							
		f	B	c	c	c f	c
Schubert	6						6
		a	a C c g	E E7	a	E7 a	a a

Die Gliederung der Verse weist zwar bei den vier Komponisten eine gewisse Ähnlichkeit auf, die musikalische Behandlung ist jedoch sichtbar verschieden.

Zelter hat die 12 Verse am einfachsten, nämlich zweiteilig (A A') (6+6 Verse) gesetzt. Zäsuren finden sich in beiden Teilen jeweils nach den ersten zwei Versen durch das Erreichen der Dominante und der sich anschließenden Achtelpause, die mittels einer Fermate gedehnt wird. Auch der erste Teil schließt in Takt 12 auf der Dominante. Abgesehen von den letzten zwei Versen ist die Musik des zweiten Teils nur eine geringfügig variierte Wiederholung vom ersten. Die letzten zwei Verse sind rhythmisch zwar mit den gleichen Versen am Anfang fast identisch (lediglich bei „nur" gibt es eine stark akzentuierte Dehnung, T.17), melodisch werden sie jedoch bis auf die Schluß-

---

[128] Lieder der Liebe und der Einsamkeit zur Harfe und zum Clavier zu singen, I. Sammlung, Leipzig, 1798.
[129] Sechs deutsche Lieder für die Altstimme mit Begleitung des Pianoforte, Berlin, 1827.

wendung („was ich leide") neu gestaltet. Hier trägt die Musik melodisch und harmonisch dem emphatisch wiederholten Bewußtsein der „Sehnsucht" (Verse 11) durch eine höhere Lage und verstärkte Chromatik Rechnung. Die Verbindung zu den Eingangsversen und die damit verbundene Geschlossenheit ergibt sich durch die rhythmische Übereinstimmung sowie die melodische Schlußformel.

Reichardts Komposition weist eine Rondoform (A B A' C A") (2+4+2+2+2) auf. Die wiederkehrenden A-Teile sind motivisch und rhythmisch miteinander verknüpft, aber jeweils melodisch variiert. Das absteigende Kopfmotiv (f-e-d) bleibt melodisch in allen variierten A-Teilen unverändert. Der A'- und A''-Teil entsprechen einander weitgehend bis auf die Schlußbildung.

Schuberts Vertonung hat eine dreiteilige Liedform (A B A') (2+8+2), die von einem sich entsprechenden Vor- und Nachspiel umrahmt wird. Trotz des variiert wiederkehrenden A-Teils am Schluß folgt das Lied der Reprisenform. Die Abweichung vom A-Teil beginnt durch die Verlängerung des Tones f" bei „kennt" (mit sforzato). Harmonisch schließt der A'-Teil wieder in der Grundtonart, während der A-Teil in der Paralleltonart (C-Dur) endet. Der B-Teil gliedert sich wiederum in zwei Abschnitte (6+2, wobei Schubert die Verse 9 und 10 wiederholt), die sich in ihrer Begleitungsform unterscheiden. Diese Trennung ergibt sich aus den zwei durch die Wortwahl ausdrucksstarken Versen 9 und 10.

Der größte Unterschied zwischen Loewes Gliederung und die Gliederung der anderen Komponisten besteht darin, daß die zwei Eingangsverse von Loewe verselbständigt werden und dem Leiden des lyrischen Ichs die stärkste Expression verleihen. Dagegen richten die drei anderen Komponisten ihr Augenmerk eher auf die umrahmende Funktion der Eingangs- und Schlußverse, um sie für die musikalische Geschlossenheit des Liedes zu verwenden.

Was die Deklamation angeht, läßt sich auch hier eine unterschiedliche Behandlung anhand der am Versanfang stehenden Wörter „nur", „weiß" und der Interjektion „ach" feststellen. Sie gehören trotz des jambischen Versmaßes dem Sinnakzent und der phonetischen Sprechweise nach betont. Zelter hat das Wort „nur" in den Schlußversen (T. 17) hervorgehoben. Sonst ist die Deklamation nicht differenziert und entspricht dem auftaktigen Rhythmus. Reichardt spürt ihre Wichtigkeit und setzt „nur" und „ach" abtaktig auf eine lange Halbe (T. 1,14,23). Das auf einem schwachen Taktteil stehende Wort „weiß" (T. 3) wird wegen des Quintsprungs und einer zugeteilten hohen Note vergleichsweise betont.

Bei dem Höhepunkt des Textes „es schwindelt mir, es brennt mein Eingeweide" setzen die Komponisten verschieden ausdrucksvolle musikalische Mittel ein. Da Zelter durch die Wiederholung hier keine musikalische Neuheit bringt, schreibt er bei der ansteigenden melodischen Linie in Chromatik die Vortragsbezeichnung „zunehmend" vor, um den ausdrucksstarken Text zu unterstreichen.

Reichardt geht bei „schwindelt" von d-Moll zu einem neapolitanischen Sextakkord über (T. 19). Die Harmonie wird, zusammen mit den verstärkten, orgelpunktartigen Oktaven im Baß, fast drei Takte lang beibehalten, bis der Vers den Halbschluß erreicht (T. 22). Die letzten zwei Verse stechen jedoch durch die Oktaven-unisoni im ff (T. 23) noch mehr hervor.

Bei Schubert wird aus diesen zwei im Mittelpunkt stehenden Versen ein selbständiges, durchführungsartiges dramatisches Gefüge gebildet, das aus dem ganzen Lied herausragt. Durch die Wiederholung dieser zwei Verse hat Schubert diesen Teil erweitert (T. 27-33), der von einer neuen Begleitfigur eingeleitet wird. Sie zeichnet sich durch ihre heftige Bewegung aus, die in abwechselnden Sechzehntel-Sextolen und -Triolen angelegt ist. Auch die aneinandergereihten verminderten Septakkorde und der chromatisch aufwärts strebende Baßgang (b-h-c, d-dis-e) illustrieren das Ungleichgewicht des „inneren Schwindels".

Zusammenfassend läßt sich feststellen, daß alle vier Komponisten für ihre Vertonung ein eigenes festes Formmodell wählen: Zelter das modifizierte Strophenlied (indem er den Text in zwei gleich zu behandelnde Teile teilt), Reichardt die Rondoform, Loewe die Durchkomposition und schließlich Schubert die dreiteilige Liedform. Allen Vertonungen ist die dramatische Steigerung zum Schluß hin gemeinsam sowie, mit Ausnahme Loewes, die Rahmenfunktion der sich entsprechenden Anfangs- und Schlußverse. Bei Schubert ist die dramatische Steigerung aufgrund des liedhaften Duktus und der formalen Rundung jedoch nicht so deutlich wie bei den anderen.

Im Hinblick auf die musikalische Textgliederung geht Schubert am weitesten. Während sich der Text problemlos den gefundenen Formen der anderen fügt, ist die dreiteilige Form nicht ohne Problem auf den Text übertragbar. Schuberts Kunstgriff besteht darin, die Anfangs- und Schlußverse durch Wiederholung auf 8 Takte zu erweitern. Damit gelingt es ihm, die umrahmende Funktion der Verse zu wahren und das proportionale Mißverhältnis von Rahmenteil und psychologischer Darstellung (B-Teil) aufzuheben.

Von einem solch starken Eingriff in die Textstruktur nimmt Loewe Abstand, wenngleich er zur Intensivierung der Wirkung einzelne Worte gelegentlich wiederholt. Ihm kommt es allein auf den seelischen Prozeß Mignons an, dem mit all seinen Affekten, die Durchkomposition wohl am deutlichsten gerecht werden kann.

4. Meine Ruh' ist hin

Das aus Goethes Faust stammende Lied "Meine Ruh ist hin" hat Loewe im Jahre 1822, acht Jahre später als Schubert, in Musik gesetzt. Es ist nicht auszuschließen, daß Loewe Schuberts Vertonung bereits gekannt hat. Da das Lied "Gretchen am Spinnrade" von Schubert bereits im Jahre 1821 erschien. Ob er von Schubert angeregt wurde und es zu einem Konkurrenzstück umschaffen wollte, wissen wir nicht.

Der Text

Meine Ruh' ist hin,
Mein Herz ist schwer,
Ich finde sie nimmer
und nimmermehr.

Wo ich ihn nicht hab,
Ist mir das Grab,
Die ganze Welt
Ist mir vergällt.

Mein armer Kopf
Ist mir verrückt,
Mein armer Sinn
Ist mir zerstückt.

Meine Ruh' ist hin,
Mein Herz ist schwer,
Ich finde sie nimmer
und nimmermehr.

Nach ihm nur schau ich
Zum Fenster hinaus,
Nach ihm nur geh ich
Aus dem Haus.

Sein hoher Gang,
Sein' edle Gestalt,
Seines Mundes Lächeln,
Seiner Augen Gewalt,

und seiner Rede
Zauberfluß,
Sein Händedruck,
Und ach, sein Kuß!

Meine Ruh' ist hin,
Mein Herz ist schwer,
Ich finde sie nimmer
Und nimmermehr.

Mein Busen drängt
Sich nach ihm hin,
Ach dürft ich fassen
Und halten ihn,

Und küssen ihn,
So wie ich wollt,
An seinen Küssen
Vergehen sollt!

Diese Szene aus "Faust" ist besonders bekannt durch die Schubertsche Vertonung. Sie schildert, wie sich Gretchen in Faust verliebt und darüber einen Monolog am Spinnrad führt.

Das Lied besteht aus 10 vierzeiligen Strophen, wobei die Anfangsstrophe als Ritornell in der vierten und achten Strophe wiederkehrt, wodurch eine dreiteilige Gliederung entsteht. Diese Einteilung wird auch inhaltlich bestätigt: bei dem ersten Teil (Strophe 1-3) handelt es sich um den Schmerz der Sehnsucht, bei dem zweiten (Strophe 4-7) um die Erinnerung an den Geliebten und bei dem dritten (Strophe 8-10) um die leidenschaftliche Phantasie. Es ist insgesamt ein spannend steigender Prozeß. Die Ritornellstrophen dienen als Atempausen, die immer zum Ausgangspunkt zurückkehren. Sie sind gleichzeitig als Entspannung für den vorangegangenen Teil und als neuer Start für den nächsten konzipiert.

Im ersten Teil steht das Ich im Mittelpunkt. Der Grund für die verlorene Ruhe wird in der zweiten Strophe durch "ihn" angedeutet.

Im zweiten Teil tritt das "Er" richtig auf. Die fünfte Strophe besteht aus zwei parallelen Verspaaren und der Faden zwischen den beiden Personen wird aufgenommen. Danach entrückt Gretchen in die Erinnerung des Geliebten, die von seiner äußeren Erscheinung bis zur leibhaft-sinnlichen Vorstellung reicht. Nach dem Ausruf "Ach" wird die Kulmination in "sein Kuß" erreicht. Die immer wiederholten, wie in eine ausgangslose Besessenheit geratenen Wörter ergeben eine ungeheure Intensität: alle Verse der sechsten Strophe beginnen mit dem selben Wort "sein", das nun etwas unregelmäßiger in der nächsten Strophe weiter vorkommt.

Im dritten Teil verflechten sich Gretchen und ihr Geliebter durch den dauernden Wechsel von "ich" und "ihn". Die innerliche Spannung wird zur höchsten Gefühlsregung geführt. Die glühende Liebessehnsucht ist in jenen starken Ausdrücken wie "drängen", "fassen", "halten", "küssen" usw. spürbar.

Obwohl jeder Vers in diesem Gedicht zweihebig ist, verteilen sich die Senkungen in den Versen sehr unregelmäßig. Infolge der knappen, drängenden Aussagesätze tauchen die Senkungen im dritten Teil am wenigsten auf. Dadurch wirkt der Rhythmus besonders lebhaft und verrät die Ungeduld und Nervosität. Mit der steigenden Spannung beschleunigt sich das Tempo insgesamt.

Die Musik

Loewes Vertonung läßt sich, dem Gedicht entsprechend, in drei Teile gliedern. Es ist jedoch interessant zu beobachten, wie er die Ritornellstrophe anordnet, die im Gedicht eine Doppelfunktion hat (Ende des vorherigen und Anfang des nachfolgenden Teils).

Loewe löst dieses Problem durch die Einfügung einer zusätzlichen Ritornellstrophe am Ende des Liedes und gliedert es in 4 + 3 + 4 Strophen. Der erste (Strophe 1-4, T. 1-16) und der dritte Teil (Strophe 8-11, T. 33-57) erhalten jeweils zwei umrahmende, tonartlich gleiche Ritornellstrophen. Der zweite Teil (T. 17-33) hingegen besteht nur aus den drei mittleren Strophen (5-7, T. 17-33). Der erste und der dritte Teil stehen in h-Moll mit vorgezeichnetem 9/8-Takt, während der zweite Teil (T. 12-33) sich nach H-Dur mit einem ausgeschriebenen Taktwechsel zum 12/8-Takt wendet[130]. Dadurch entsteht eine stabile, abgerundete symmetrische Form.

In diesem Stück herrscht eine Begleitungsformel vor, deren Grundrhythmus aus einem Viertel und einem Achtel besteht (♩ ♪♩ ♪♩ ♪). Dieser Grundrhythmus erscheint in Verbindung mit verschiedenen Darstellungsweisen. Die einzige Stelle, an der dieser regelmäßige Rhythmus unterbrochen wird, ist in der Ritornellstrophe (T. 4,16,37,54) - durch die Dehnung einer Achtel auf "nimmer"- zu finden. Zusammen mit der Akzentuierung in forte bewirkt dies einen dramatischen Höhepunkt, auf den der höchste Ton des Liedes (f'') fällt.

In den ersten zwei Takten geht die Baßstimme mit der Singstimme in Oktaven parallel, während die später einsetzende rechte Hand den pulsierenden Grundrhythmus in Akkordschlägen durchzieht. Die Koppelung von Singstimme und Baßstimme zu Anfang baut eine latente Spannung auf, die noch von der ungewöhnlichen Quint im Baß (T.1) verstärkt wird, der hier eine Doppelfunktion zukommt (erstens Melodie- und zweitens Harmonieträger).

Die Singstimme der Ritornellstrophe ist dramatisch gestaltet. Sie fängt mit einer h-Moll-Tonleiter an, tendiert mit steigernder Spannung aufwärts, erreicht den höchsten Ton f'' bei dem Wort "nimmer" und daraufhin, gleichsam in drastisch fallender Bewegung mit Dreiklangsbrechung, den Tiefpunkt h. Der große Ambitus der Singstimme (h - fis'') wird in diesen vier Takten erreicht. Die Melodie der drei Versglieder wird so geführt, daß die neue Verszeile immer mit dem letzten Ton der vorausgegangenen Verszeile einsetzt (h-fis', fis'-g', g'-h). Melodisch erfährt die Ritornellstrophe eine Abrundung (h - h), auch wenn sie auf der Dur-Tonika (H-Dur) kadenziert. Damit gibt sie eine von innerlicher Unruhe, über emotionalen Ausruf bis zum schwermütigen Seufzer überzeugende Darstellung.

---

[130] Im Grund genommen ist dieser Taktwechsel nur eine Art von Ausdehnung.

In der zweiten Strophe (T. 4-8) wird die Begleitung in Akkorden weitergeführt. Die Stimmen der Akkorde werden jedoch bei "ist mir vergällt" stark reduziert und stehen mit der Singstimme im Unisono, mit einem plötzlichen pianissimo nach dem vorausgehenden forte (T. 7,8). Diese Unisoni mit dem Oktavsprung in die tiefe Lage wirken sehr starr, sprachnah und sind durchaus textbedingt. Die Verwendung des neapolitanischen Sextakkords mit einem emphatischen sforzato auf "ihn" (T. 6) und die melodische Führung von c über h zum tiefalterierten ais bringen die schmerzvolle Sehnsucht nach "ihm" zum Ausdruck.

In der dritten Strophe (T. 9-13) wird die Parallelität des Textes in der Musik durch Wiederholung der Gesangsmelodie beibehalten. Die Oberstimme der Begleitung verharrt im Grundrhythmus auf dem Orgelpunkt fis', während die mittlere und die Baßstimme im Oktavabstand parallel laufen und eine latente Melodie bilden, die der Singstimme gegenübersteht. Diese in hohem Klang sich eintönig wiederholende Begleitung, zusammen mit dem gebrochenen fis-Moll-Dreiklang (vermollte Dominante) in der Singstimme, symbolisiert die Verwirrung des Sinnes. Die Strophe schließt offen auf dem Ton fis.

Nach der Ritornellstrophe wird der zweite Teil, beginnend mit der fünften Strophe, melodisch und harmonisch von der bedrückten Stimmung des ersten Teils zu einer Aufhellung geführt. Er wechselt vom 9/8- zum 12/8-Takt. Der Grundrhythmus bleibt in der linken Hand mit Stützakkorden. In der Oberstimme des Klaviers erklingt eine fröhlichere, wieder der Parallelität des Textes gemäß sequenzierte Melodie, die in der ganzen Strophe ständig wiederholt und von der Singstimme imitiert wird. Durch diese duettartig wiederholte Form, dadurch daß die Singstimme und das Klavier zusammenfallen, scheint die imaginäre Vereinigung von "ich" und "ihm" angedeutet zu sein.

Während die sechste Strophe beginnt, kehrt der akkordische Grundrhythmus kurzzeitig wieder (T. 22-23). Hier ertönt eine überschwengliche Melodie (bei "sein hoher Gang" in pathetischem Dreiklangsaufstieg und bei "seine edle Gestalt", eine weiche harmonische Wendung nach gis-Moll). Beim Wort "Mundeslächeln" verwandelt sich die Klavierbegleitung in eine süße, sanfte Arpeggiobewegung (T. 24). Die Verinnerlichung zeigt sich deutlich in den langen melodischen Atemzügen und der "verweilenden"

Haltung (Vortragsbezeichnung). Die Singstimme wird durch diese Klangbrechungsformel mit melodiösen Haupttönen begleitet, die zuweilen noch die Singstimme imitieren (T. 26,27). Die Subdominante (E-Dur) ist zunächst stark ausgeprägt und wechselt mit der Zwischendominante. Die auffallende mediantische Wendung von E-Dur nach G-Dur (T. 28) versinnbildlicht den "Händedruck".

Von Takt 29 an bewegt sich die Harmonie im Quintfall.

Takt	24	25	26	27	28	29	30	31	32	33
Harmonie	E	H7	E	H7	E	H7	E	E G	D7	G	C	C7	h

                                Mediante   Quint Neapolitaner

In Takt 31 ist C-Dur erreicht, durch die hinzutretende Sept B in Takt 32 wird der Klang zur Dominante von F-Dur. Harmonisch unvermittelt schließt sich die Ritornellstrophe gleich in h-Moll an. In der Mitte des Taktes 33 wird die Sept b'' in ais'' umgedeutet, den enharmonischen Leitton zu h-moll. Dieser in der Luft hängende, auf einer Fermate stehende Septklang wird vom Hörer als ein "Bruch" empfunden und deutet am Ende dieser Strophe eine sich in nichts auflösende Illusion an.

Es ist noch höchst bemerkenswert, daß der "Kuß", der inhaltliche Gipfelpunkt, auf einem tiefen Ton gesungen wird (T. 31,33), wobei die Haupttöne des Klavierparts hingegen enthusiastisch ansteigen. Das kann möglicherweise als Andeutung des tragischen Endes im Drama verstanden werden.

Es ist merkwürdig, daß Loewe die ersten zwei Verse der siebten Strophe "und seiner Rede / Zauberfluß" nicht in seine Vertonung aufgenommen hat. Die Frage ist, ob Loewe das bewußt oder unbewußt getan hat. Es scheint unwahrscheinlich, daß er den Text von Goethe, den er verehrt, ohne plausiblen Grund streicht. Dafür gibt es bei Loewe kaum ein anderes Beispiel. Eine einfache Erklärung ist, daß Loewe diese Zeile beim Vertonen vergaß. Es ist dann vielleicht interessant zu fragen, warum er gerade hier diesen Fehler machte und ob er ihn später entdeckte.

Im Text fallen diese zwei "verlorenen Verse" aus der Reihe. In allen anderen sechs Versen der Strophe 6 und 7 wird jeweils ein Körperteil direkt erwähnt oder angedeutet, und zwar in drei steigenden Stufen: Am Anfang wird - mit Abstand - ein Gesamteindruck vermittelt ("hoher Gang, edle Gestalt"), dann eine nähere Betrachtung der Gesichtsausdrücke gegeben ("Mundes Lächeln, Augen Gewalt"), bis am Ende der direkte körperliche Kontakt steht ("Händedruck, Kuß"). Je knapper der Ausdruck ist, desto stärker ist der Eindruck der Unbeschreiblichkeit und Unmittelbarkeit. Der zweite Teil kulminiert auf dem einsilbigen Wort "Kuß". Es scheint, daß sich Loewe dieser Wirkung voll bewußt war und in seiner Musik sorgfältig reflektierte. Dabei wird die abstrakte geistige Anziehungskraft ("Zauberfluß der Rede") vom sinnlichen Gefühl überströmt und gerät in Vergessenheit.

Diese musikalische Kette der Betonung der Schlüsselwörter erstreckt sich, die "verlorenen Verse" überspringend, bis zum "Kuß". Hier scheint auch, daß Loewes Vertonung sich in erster Linie nach der Form des Textes richtet.

3/8	11/8	1/8	6/8	3/8
Pause + seines	Mun-	-des	Lächeln + Pause	Pause
Seiner	Augen (9/8 +2/8)	Ge-	-walt	Pause
Sein	Hän-	-de-	-druck	Pause
Und	ach	sein	Kuß	Pause

Die betonten Silben erhalten das entsprechende Gewicht. Es ist leicht zu sehen, daß die zwei Verse "und seiner Rede / Zauberfluß" hier schwer hineinpassen, d.h., wenn Loewe später seinen Fehler entdeckt hätte, wäre es schwierig gewesen, die zwei Verse nachträglich einzuschieben, ohne die musikalische Struktur zu stören.

Am Anfang des dritten Teils kehrt die Ritornellstophe wieder nach h-Moll (im 9/8-Takt) zurück. Die darauffolgende neunte und zehnte Strophe bilden den emotionalen Höhepunkt des Liedes. Im Klavierpart begegnet uns die aus dem zweiten Teil bereits bekannte Klangbrechungsformel (T. 39-52). Jedoch beschleunigt sich das Tempo durch den Taktwechsel und die drängendere musikalische Deklamation. Im Gegensatz zu den Hauptwörtern im zweiten Teil herrschen hier die ausdrucksstarken Verben: drängen, fassen, halten, küssen. Unabhängig von der Stellung der einzelnen Wörter im Text setzt Loewe sie ausnahmslos an Taktanfang und schreibt Akzentzeichen und sforzato vor. Die zentralen, akzentuierten Wörter (fassen, halten, küssen) bilden eine schrittweise aufsteigende Linie (c-cis-dis), welche die sich steigernde Erregung Gretchens wiedergibt (T. 41-44).

Ähnlich wie das Ende des zweiten Teils beim "Kuß", aber noch viel stärker, fällt die melodische Linie der letzten zwei Verse in die tiefe Lage (von dis´ zu b, T. 46-47). Bei der Wiederholung (T. 47-50) sitzt die Melodie tiefer, der Sprung nach unten ist größer und das Verweilen bei dem tiefen Ton am Ende wesentlich länger. Dieser Vorgang reicht über das länger als einen Takt dauernde Wort "vergehen" und symbolisiert so den Prozeß der Selbstvernichtung, den die Protagonistin noch nicht vorahnen kann. Die Tragik wird dadurch drastisch verdeutlicht.

Harmonisch wendet sich die neunte Strophe zunächst wieder nach H-Dur. In Takt 46 wird h-Moll kurz berührt, dann wieder zu H-Dur geführt. Die zehnte Strophe schließt in Takt 50 auf h-Moll. Mitten in der letzten Ritornellstrophe, wo der scharf dissonierende Baßton g auf dem Wort "schwer" steht (T.53), werden die ursprünglichen Begleitakkorde wieder aufgegriffen, als ob Gretchen im diesen Augenblick wieder zu Bewußtsein käme.

Bei der Betrachtung des von Loewes Lied erweckten Gefühls ist es vielleicht kein Zufall, daß Loewe h-Moll gewählt hat, die Schubarts Charakterisierung „der stillen Erwartung des Schicksals und der Ergebung in die göttliche Fügung" gut entspricht[131].

Vergleichende Betrachtung

Loewe	Schubert	Zelter
op.9, H.3, Nr. 2	op.2 (D 118)	
1822	1814	1810-13
h-Moll, 9/8	d-Moll, 6/8	f-Moll / F-Dur, 3/8 2/4
tief bewegt, mit glühender Sehnsucht	nicht zu geschwind	Andantino/vivace ed agitato

Die Vertonung des „Gretchen am Spinnrade" von Schubert wurde als „Geburt des deutschen Kunstliedes" bezeichnet[132]. Musikwissenschaftler wie Georgiades und Dürr haben unter verschiedenen Gesichtspunkten Untersuchungen über das Lied geliefert[133]. Ihre Größe und Bedeutung bedarf hier keiner weiteren Erörterung.

---

[131] Schubart, S. 379-380.
[132] Dürr, Das deutsche Sololied im 19. Jahrhundert, S. 7.
[133] Georgiades, Musik und Lyrik, S. 78-84. Dürr, "Gretchen am Spinnrade", in: Reclams Musikführer. Franz Schubert, S. 40-44.

Die Gliederung

```
         Vorspiel  Rit.   Strophe 2 -3  Rit.   Strophe 5 -7  Rit.   Strophe 9-10   Rit.   Nachspiel
Loewe    |_____|  |_____|  |_____|                           2
         h   H   C   fis  h  H   H       C7   h   H              h    h    H        H

Schubert |_____|  |_____|  |_____|                          2
         d   C   d   F   d   C   d  ver. d    C   d              d         d              d

         Vorspiel  Rit.  Str. 2  Z.  Str. 3  Rit.  Z.  Str. 5 - 7  Rit.  Str. 2  Z.  Str. 9 -10  Nachspiel
Zelter 6 |_____|      |_____|         |_____|  |_____|           |_____|                 8
         f     f  As  f    f   C       f    f   As  Es  f           f    f   F       F   F
         Z.: Zwischenspiel
```

Schuberts Lied ist musikalisch ebenfalls in drei Teile gegliedert. Allerdings anders als Loewe, läßt Schubert jeden Teil mit der Ritornellstrophe beginnen. Bei beiden schließt das Lied mit der Ritornellstrophe. Jedoch besteht hier der Unterschied darin, daß Loewe die ganze Ritornellstrophe wiederholt und Schubert nur die ersten beiden Verse. Dies bedingt, wie sich zeigen wird, die unterschiedliche Gestaltung der Ritornellstrophe.

Für Loewe sind die Ritornellstrophen die Säulen des Liedes. Sie enthalten den stärksten dramatischen Ausdruck. Schubert baut die Spannung hauptsächlich in den anderen Strophen auf. Die Ritornellstrophe dient eher als Einleitung bzw. Atempause, als Rückkehr zur Realität.

Zelter dagegen behält Goethes Strophenfolge bei und entscheidet sich für eine zweiteilige Gliederung. Der erste Teil umfaßt die erste bis achte Strophe (T. 1-93) und steht in f-Moll im 3/8-Takt; der zweite Teil umfaßt die neunte und zehnte Strophe (T. 94-174) und steht in F-Dur im 2/4-Takt. Die stets wiederkehrende Ritornellstrophe wird jedoch durch eine derartige Gliederung, eine willkürliche eingeschobene Strophe (auf die achte Strophe folgt noch mal die zweite) und kleine Zwischenspiele fast unkenntlich gemacht

Die Gestaltung der Ritornellstrophe zeigt in besonderer Weise die Eigenheiten jeweiliger Vertonungen.

Bei Schubert verweilen die ersten zwei Verse im Grundtonbereich (d-Moll). Mit dem Eintritt des dritten Verses "ich finde sie nimmer" vollzieht sich der Harmoniewechsel überraschenderweise nach C-Dur. Nach der Wechseldominante endet der vierte Vers offen auf C-Dur. Dieser offene Schluß der Ritornellstrophe ermöglicht Schubert "die Form des Liedes ins Arienhafte" auszuweiten[134]. Um das Lied abzuschließen, werden jedoch nur die ersten zwei Verse, die in der Grundtonart stehen, benutzt.

Zelter behandelt die Ritornellstrophe inkonsequent. Die erste Strophe (Ritornellstrophe) endet auf der Tonikaparallele und geht dann unmittelbar zur zweiten über. Die thematisch mit der ersten weitgehend identische vierte Strophe kadenziert dagegen in der Grundtonart.

Die Musik der achten Strophe mit der wiederholten zweiten Strophe entsprechen völlig jener der ersten und zweiten Strophe.

Die geschlossene Anlage der Ritornellstrophe wird nur von Loewe berücksichtigt. Allerdings entspricht der liedhafte Charakter in Schuberts und Zelters Ritornellstrophe dem formalen Aspekt des Rundgesanges. Dagegen erscheint bei Loewe die Vertonungsweise für einen Rundgesang auffallend dramatisch.

Bei Schubert wird an den Nahtstellen zwischen den Teilen (T. 30, 69-72) und nach jeder Ritornellstrophe (T. 12, 41, 83) jeweils ein Übergang geschaffen, in dem der Klangwechsel und die Rückführung zur Grundtonart d-Moll stattfindet. Bei Zelter werden die Zwischenspiele häufig als selbständige kleine Sätze angelegt (zwischen 2. und 3., 4. und 5. Strophe, usw.) Ihre Funktion ist jedoch unklar und ihre Stellung scheint bisweilen unpassend. Beispielsweise wird die glühende und drängende Bewegung zwischen der neunten und zehnten Strophe abrupt durch ein Zwischenspiel unterbrochen.

Loewes Vertonung umfaßt 58 Takte, fast halb so viel wie diejenige Schuberts (120 Takte). Diese Tatsache ergibt sich aus der unterschiedlichen Vorstellung von Grundstimmung. Loewe wählt ein bewegteres Tempo, das er mit der Tempobezeichnung "tief bewegt, mit glühender Sehnsucht" deutlich ausdrückt. Schuberts Lied behält eher die liedhaften Züge, während Zelters großangelegtes Lied dagegen nach Art einer szenischen Arie (174 Takte) komponiert ist.

Auch der vom jeweiligen Komponisten gewählte Stimmumfang verrät die verschiedenen Vorstellungen der Protagonistin. Es ist auch ein Hinweis auf das grundlegende Konzept. Sowohl bei Schubert (e´ - a´´) als auch bei Zelter (f´ - a´´) ist Gretchen für eine Sopranstimme komponiert, während Loewe sie für eine Altstimme (h - fis") vor-

---

[134] Dürr, Schubert, S.42.

sieht. Bei Schubert ist das Entlarven der Leidenschaft einer jungen Frau erschütternd; bei Loewe vermittelt schon die düstere tiefere Stimmlage das schicksalhafte Verhängnis.

Ganz in diesem Sinne erscheint auch die Behandlung der Klavierbegleitung. Zelters Klavierbegleitung ist zwar in diesem Stück variabel, aber sie dient meist nur der harmonischen Stützung der Singstimme. Die rasche Sechzehntelbegleitung (T. 117-126,139-147) und die wechselnde Harmonie (T. 130-138) im zweiten Teil tragen etwas zur erregten Stimmung bei.

Loewes Klavierbegleitung ruft durch einen trauermarschähnlichen Grundrhythmus eine schicksalhafte Stimmung hervor. Einigen Stellen kommt offensichtlich eine textausdeutende Funktion zu. Dieses rhythmische Ostinato ist strukturell ein verbindendes Element, an das oft ein Orgelpunkt gebunden wird, wie etwa in der Ritornellstrophe und der sechsten sowie der siebten Strophe (T. 4-6, 17-21, 39-43, 47-51, 55-57). Jedoch wird das Ostinato nicht kontinuierlich durchgehalten, sondern zeitweise in der siebten, neunten und zehnten Strophe von einer anderen, nicht minder regelmäßigen Begleitungsfigur, unterbrochen.

Bei Schubert herrscht hingegen kontinuierlich ein und dieselbe Begleitung vor, die nicht nur illustrierende, den Affekt des Liedes bestimmende und die Szene ausmalende Funktion hat, sondern als "ein eigener Parameter" verstanden sein will. Die Begleitungsfigur ist in sich vielschichtig: die unablässig surrenden Sechzehntel als Drehfigur, die als Impulsgeber fungierenden Staccato-Achtel der Mittelstimme und der das Versende markierende meist orgelpunktartige Baß.

Ähnlich wie Loewe behandelt Schubert auch die sechste Strophe anders als die übrigen Strophen, da die Erinnerung an den Geliebten zum Ausdruck kommt. Dabei wird die Mittelstimme mit dem Baß zu einem Stützakkord in jedem Takt zusammengefaßt. Die Gesamtbewegung erscheint so gelöster, was aber auch mit der Aufhellung des Klanges (Tonikaparallele F-Dur) zusammenhängt.

Bei Schubert wird auf der psychischen Ebene ein sich effektvoll entfaltender Prozeß in Gang gebracht. Der am Ende des zweiten Teils erreichte musikalische Höhepunkt bei der rezitativisch vorgetragenen Stelle "ach, sein Kuß" (auch harmonisch äußerst kühn: der verminderte Septakkord geht in einen Dominantseptakkord von A-Dur über, der jedoch nicht aufgelöst wird, sondern in einen noch spannungsvolleren verminderten Septnonakkord weitergeführt wird), wird im dritten Teil noch überboten und an dessen Ende durch die Intensivierung des Ausdrucks zum absoluten Gipfelpunkt geführt. Hier bringt Schubert die neunte Strophe zu einer erneuten Steigerung, die durch von Vers zu Vers steigende Aufwärtssequenzierungen, eine dynamische Verstärkung und Tempobeschleunigung (poco a poco accelerando) erzielt wird. Bei der Textstelle "vergehen sollt" ist der weitgespannte melodische Zug bis zum Spitzenton a'' gesteigert.

Loewe zielt zwar in der neunten und zehnten Strophe ebenso mit deklamatorischen und melodischen Mitteln auf einen ähnlichen Effekt, jedoch ist die Interpretation des Affektes eine andere. Während Schubert die Steigerung eindeutig in höhere Tonlagen treibt und damit der natürlichen Empfindung gesteigerter Exaltation Folge leistet, fügt Loewe noch eine weitere schicksalhafte Dimension hinzu: die allmählich erreichte hohe Lage wird sprunghaft in die "Tiefe" geführt.

Durch zahlreiche Wortwiederholungen und Umbildungen von Wörtern (besonders die neunte und zehnte Strophen sind stark erweitert) ergibt sich bei Zelters Vertonung ein inkongruenter Gesamteindruck, der eine Geschlossenheit des Liedes missen läßt.

5. Ach neige, du Schmerzenreiche

Der Text stammt aus Szene 18 im ersten Teil des Faust. Die Szenenanweisung von Goethe lautet: „In der Mauerhöhle ein Andachtsbild der Mater dolorosa, Blumenkrüge davor". Im Jahre 1835 schuf Loewe dieses bewegende Lied, das rein lyrischen Charakter trägt. Wie die Vertonung „Meine Ruh ist hin" hat er es auch für eine Altstimme komponiert.

Der Text

1 Ach, neige,
2 Du Schmerzenreiche,
3 Dein Antlitz gnädig meiner Not!

4 Das Schwert im Herzen,
5 Mit tausend Schmerzen
6 Blickst auf zu deines Sohnes Tod.

7 Zum Vater blickst du,
8 Und Seufzer schickst du,
9 Hinauf um sein' und deine Not.

10 Wer fühlet,
11 Wie wühlet
12 Der Schmerz mir im Gebein?
13 Was mein armes Herz hier banget,
14 Was es zittert, was verlanget,
15 Weißt nur du, nur du allein!

16 Wohin ich immer gehe,
17 Wie weh, wie weh, wie wehe
18 Wird mir im Busen hier!
19 Ich bin ach kaum alleine,
20 Ich wein, ich wein, ich weine,
21 Das Herz zerbricht in mir.

22 Die Scherben vor meinem Fenster
23 Betaut ich mit Tränen, ach!
24 Als ich am frühen Morgen
25 Dir diese Blumen brach.

26 Schien hell in meine Kammer
27 Die Sonne früh herauf,
28 Saß ich in allem Jammer
29 In meinem Bett schon auf.

30 Hilf! rette mich von Schmach und Tod!
31 Ach neige,
32 Du Schmerzenreiche,
33 Dein Antlitz gnädig meiner Not!

Das Gedicht hat acht Strophen und läßt sich in drei große Teile gliedern, in denen ein unterschiedlicher Versbau vorliegt.

Der erste Teil, der Gretchens Gebet beinhaltet, besteht aus drei dreizeiligen Strophen, die die gleiche Reimordnung a a b aufweisen. Die Strophen bestehen aus zwei zweihebigen Versen und einem vierhebigen Vers in jambischer Folge, wenn man von der ersten rufenden Verszeile absieht.

Im zweiten Teil handelt es sich um zwei sechszeilige Strophen, die im Hinblick auf die Silbenzahl und Verslänge relativ frei gestaltet sind. Beide haben das gleiche Reimschema a a b c c b. Die zweite Hälfte der ersten Strophe (Vers 13-15) löst sich vom Jambus. Der Konsonant „w" herrscht vor. Er kommt sieben Mal in der ersten Strophe und elf Mal in der zweiten vor. Man kann noch „f" („fühlest") und „v" („verlanget") mit berücksichtigen (1. Strophe). Stabreime sind an mehreren Stellen zu bemerken. Wiederholt werden nicht nur die phonetischen Elemente, sondern auch Sinneinheiten wie einzelne Wörter und Wendungen (Wie weh, ich wein, nur du, Herz, allein, usw.). Die große Bedrückung kennt sowohl durchgängige als auch stoßartig angelegte Verse. Die Stimmung im ganzen Teil ist trüb und unbeständig. Das emphatische, dreimal wiederholte „wie weh" wird auf dem gleichen Ton geklagt, „ich wein" hingegen in schluchzendem Rhythmus vorgetragen.

Der dritte Teil hat drei vierzeilige Strophen, denen verschiedene unregelmäßige Metren innewohnen. Die ersten zwei Strophen haben die Reimordnungen a b a b und a b c b. Die erste Hälfte der ersten Strophe hat einen etwas bewegteren Rhythmus durch die Verwendung des Daktylus. Die zweite Hälfte der ersten Strophe und die zweite Strophe stehen in einer jambischen Folge.

Die dritte Strophe ist sowohl der Form (Versmaß) als auch dem Inhalt nach eine Ausnahme. Sie besteht aus einer langen Verszeile und den das Gedicht eröffnenden drei Versen. Der Hilfeschrei Gretchens in der langen Verszeile erfordert durch seine dramatische Deklamation eine lange, gedachte Pause. In ihr ist es Gretchen möglich, sich zu besinnen, so daß sie in die Gebetsformel der ersten drei Verse wieder einfallen kann. Dadurch erhält das Gedicht eine geschlossene Form.

Die Musik

Mit dem Hinweis „Die Orgel im fernen Dom begleitet den Gesang" gibt Loewe seine szenische Vorstellung an. Im Klavierpart ertönen wie aus der Ferne die eindrucksvoll einsetzenden Orgelklänge in Vierteln, die das ganze Stück choralartig durchziehen.

Loewes Lied besteht, der Gliederung des Gedichtes entsprechend, aus drei Teilen.

Der erste Teil (T. 1-14) beginnt in g-Moll und endet offen auf der Dominante. Die dritte Strophe ist musikalisch eine wörtliche Wiederholung der zweiten. Bezeichnend ist das Wechselnotenmotiv d''-es''-d'' im Gesang (am Versanfang mit verschiedenem Rhythmus, T. 3,6,10), das charakteristisch für den klagenden Ton ist. Bei der Textstelle „blickst auf zu" repetiert die Singstimme zunächst einen Ton, danach geht sie chromatisch aufwärts zu „deines Sohnes Tod", was auch die nach dem Himmel hinaufschauende Haltung wiedergibt.

In der Tat blickt die schwebend-kantable Melodie im ganzen ersten Teil, der das Andachtsbild der Mater dolorosa schildert, zum Himmel auf. Nur im dritten Vers der ersten Strophe fällt sie von „Antlitz" zu „meiner Noth" in absteigender Melodielinie von c'' bis zu d', dem tiefsten Ton der Singstimme dieses Teils. Hier ändert Loewe die Wortfolge (statt „dein Antlitz gnädig" - „dein gnädig Antlitz"), so daß „meiner Noth" unmittelbar hinter „Antlitz" steht. Dies veranschaulicht die Relation zwischen dem himmlischen Erbarmen und der irdischen Not. Die fallende Linie deutet auf die Gebetshaltung („ach neige") hin.

Ach, nei-ge, du Schmerzen-rei-che, dein genädig Ant - litz mei - ner Noth!

Nach dem Halbschluß des ersten Teils werden die Orgelklänge unmittelbar weitergeführt. Dennoch wird durch einen auf d verharrenden Orgelpunkt und eine absteigende Tonleiter in beiden Händen (T. 14-16) ein neuer Abschnitt markiert.

Im zweiten Teil (T. 14-27), wo Gretchens Wehklage im Zentrum steht, verhält sich auch die Musik entsprechend. Eine musikalische Intensivierung wird hauptsächlich durch die wehmütige, schmerzliche Melodie und die drängendere Deklamation in vorwiegend kleineren Notenwerten herbeigeführt. Der melodische Verlauf tendiert stets abwärts. Bei der Textstelle „weißt nur du, nur du allein" (T. 19,20) bringt Loewe eine raffinierte Gesangsdeklamation, so daß „weißt" und „du" auf dem betonten Takt stehen und „nur" eine synkopierte hohe Note zugeteilt wird.

weisst nur du,_ nur du ____ al - lein!

Am Anfang der fünften Strophe („wohin ich immer gehe, wie weh, wie weh, wie wehe") rezitiert die Singstimme in akzentuierter Tonrepetition (T. 21-22), während die

Begleitung einen abwärts schreitenden Baß mit gleichzeitigem Orgelpunkt in der rechten Hand spielt. Das Verfahren erinnert an den Beginn der vierten Strophe, es scheint hier jedoch intensiviert. Eine Steigerung wird außerdem durch zweimaliges crescendo bewirkt.

Der zweite Teil zeichnet sich auch durch seine klangvolle Harmonik und seine reiche Modulation in entferntere Tonarten aus. Er wendet sich zunächst nach b-Moll (T. 16-17) und kadenziert in Des-Dur (T. 20-21) auf „allein" (Ende der vierten Strophe). Die fünfte Strophe schließt mit unisono auf b.

Im dritten Teil (T. 27-42) findet eine Aufhellung nach B-Dur statt, die sich auf die Darstellung von Gretchens Reflexion bezieht. Die sechste Strophe bildet dabei einen Vorder- und Nachsatz in B-Dur, die von der siebten Strophe aufgegriffen werden (geringfügig variiert wegen des Daktylus der sechsten Strophe). Die Melodie ist bezeichnend für eine erleichterte, tröstliche Stimmung (mit der Vortragsbezeichnung „affettuoso"). Zu erwähnen ist noch die melismatische Bildung (T. 28, 30, 32, 34), die auch auf anderer Stufe für die Textstelle „ich bin auch kaum alleine" im zweiten Teil bereits benutzt wurde.

Nach der Kadenz in B-Dur (T. 35) geht die Begleitung mit cresc. und forte in die achte Strophe über. Die Akkorde sind durch verstärkte Stimmenzahl deutlich hervorgehoben. Loewe gibt einen konkreten Hinweis in der Begleitung: „Die Kirchthüre öffnet....schließt sich", so daß der Orgelklang hier zugleich beim Öffnen der Kirchtür (das Tor zum Himmel) herausdrängt. In diesem Moment nimmt Gretchen die Änderung der Klangstärke wahr und schreit um Hilfe („rette mich" auf dem höchsten Ton f''). Mit Schließung der Tür schwächt sich die Begleitung ab und auch die Singstimme verliert bei „Tod und Schmach" an Intensität (dimin.). Sie verrät Gretchens Angst, Scham und Hilfslosigkeit.

Loewe verbindet diese erste Verszeile mit den vom Anfang übernommenen drei Versen auf geschickte Weise. Unmerklich und ohne Pause geht die Musik in die wiederholten Verse über, welche die Melodie an ihrem Anfang wiederaufnimmt (T. 37-39). Das Vortragszeichen „piano" in Gesang und Begleitung ist eine Fortsetzung des „dimin.". Im Vergleich mit der entsprechenden Stelle am Anfang ist das Gebet hier ruhiger und tiefer. Im letzten Vers bleibt Loewe bei der originalen Textreihenfolge („dein Antlitz gnädig") und wiederholt das Wort „gnädig". Hier ist Gretchen ihrer Schuld und der kommenden Strafe eher bewußt und bittet umso frommer um die Gnade. Die absteigende (fallende) Melodielinie zwischen „dein Antlitz" und „meiner Noth" ist an dieser Stelle durch den zweimaligen Einschub des „gnädig" noch wesentlich verlängert. Sie fängt im Grunde schon bei der Silbe -rei- („Schmerzenreiche") an und erstreckt sich, unterbrochen durch eine Achtelpause vor „dein Antlitz", annähernd über vier Takte (T. 39-42). Diese Linie besitzt einen Umfang von fast zwei Oktaven (von es" zu g, dem auf zwei Halbe gedehnten, gleichsam in die Hölle sinkenden tiefen Ton auf „Noth"). Die von Loewe angegebene Alternative g´ ist rein gesangstechnisch bedingt, da der Ambitus dieses Liedes ungewöhnlich groß ist, wenn man den tieferen Ton wählt.

Vergleichende Betrachtung

Loewe	Schubert	Klein
op.9, H.9, Nr.1	D 564	als Einzelstück erschienen
1835	1817	unbekannt
g-Moll, 4/4	b-Moll, 4/4	a-Moll, 4/4
Adagio	sehr langsam	Adagio

Von Schuberts Lied „Gretchens Bitte" haben wir nur ein Fragment, das bis zu der fünften Strophe erhalten ist. Mit dieser unvollständigen Anlage kann ein Vergleich selbstverständlich keine Vollständigkeit beanspruchen.

Zusätzlich soll hier die Vertonung von *Bernhard Klein* (1793-1832) herangezogen werden. Klein wirkte in Berlin und war ein wichtiger Komponist der Berliner Liederschule. Sein Lied „Gretchen", dem der gleiche Text zugrundeliegt, wird von Friedlaender sehr geschätzt[135].

Die Gliederung

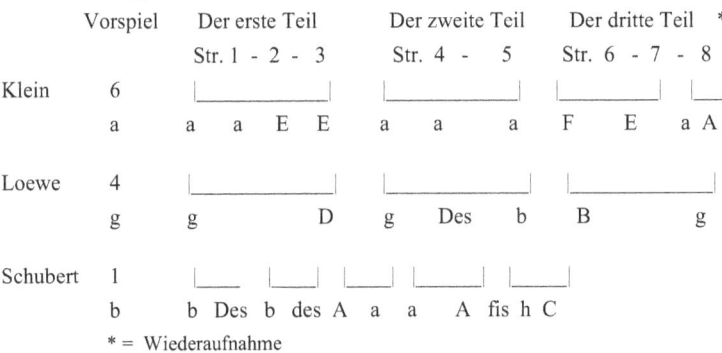

* = Wiederaufnahme

---

[135] „Am hervorragendsten dürfte Bernh. Klein's ergreifendes Lied sein", Friedlaender, Bd.2, S.168.

Die Tabelle zeigt die Übereinstimmung der groben Gliederung in drei Teile bei Klein und Loewe, aber auch einen Unterschied: während Loewe die Wiederholung der Anfangsverse direkt anschließt, setzt Klein eine deutliche Zäsur mit langer Pause in der Singstimme. Schubert hingegen gliedert nach einzelnen Strophen.

Bei der Betrachtung der Klavierbegleitung fällt zunächst auf, daß sowohl Loewes als auch Kleins Begleitung eine Art Kontinuum darstellt, in das hinein die Singstimme tritt: bei Loewe choralartige, in gleichmäßigen Viertelwerten fortschreitende Klänge und bei Klein repetierende Begleitakkorde in pochendem Rhythmus (♫ ♪ ♫ ♪), mit einer hinzutretenden Stimme, die im geschlossenen Vorspiel (T. 1-7) bereits thematisch ankündigt wird.

Der Unterschied zu Loewe besteht darin, daß Kleins Begleitsatz eine gewisse strukturbildende Funktion erhält. Hingegen liegt in Loewes Begleitung keine eigenständige Struktur vor. Die im Versbau unterschiedlichen Teile des Gedichtes werden bei Loewe durch die Kadenzen abgegrenzt. Singstimme und Begleitung sind in den Gliederungspunkten der Teile und der Strophen völlig kongruent.

Für die Abgrenzung der drei Teile verwendet Klein ein Prinzip, das in der Inkongruenz von Singstimme und Begleitung liegt. Diese zeichnet sich dadurch aus, daß der Klavierpart jeweils später als die Singstimme, die immer in einen offenen Schluß mündet, die jeweilige Tonika nachreicht.

Der erste Teil, der die ersten drei Strophen umfaßt, beginnt in der Tonika a-Moll und schließt auf der Dominante E-Dur. Dieser offene Schluß wird dort vom Klavierpart zur Tonika zurückgeführt, wo die vierte Strophe neu ansetzt (T. 31). Die einzelnen Strophen sind durch Pausen und Zäsuren deutlich voneinander getrennt. Die erste Strophe kadenziert auf der Tonika, die zweite und dritte enden auf der Dominante.

Auch die ersten Strophen der beiden anderen Teile sind in sich harmonisch geschlossen. (Die vierte Strophe beginnt und schließt also in a-Moll, die sechste in F-Dur und die „Wiederaufnahme" wieder in a-Moll).

Das Mittel des Tempowechsels nutzt Klein weniger zur Abschnittsgliederung, als vielmehr zur Verstärkung des Ausdrucks, den der Textinhalt bedingt. So schlägt auf der letzten Silbe der vierten Strophe der 4/4-Takt in einen 3/4-Takt um (T. 43). Der Rhythmus wird drängender (♫ ♪♫) und das Tempo wird durch die Bezeichnung „piu mosso" beschleunigt. Ebenso paßt sich der Rhythmuswechsel vom 3/4- zum 4/4-Takt nach Gretchens Hilferuf (T.96) derer Besinnung an.

Auch die Harmonik wird in ähnlich textausdeutender Weise eingesetzt. So untermalt die aufhellende Wendung nach F-Dur vor dem Einsatz der sechsten Strophe Gretchens Reflexionen über den vergangenen Morgen.

Die eindrucksvollste Passage bringt die achte Strophe. Auf die Textstelle „Hilf! rette mich von Schmach und Tod" werden vier verminderte Septakkorde (T.90-95) mit einer chromatischen Baßlinie (gis-g-fis-f-e, T.92-96) dicht aneinandergereiht, die dem schmerzvollsten Ruf Ausdruck verleihen. Die Singstimme vollzieht eine melodische Kadenz (d-e-e-a) schon in Takt 93, während der richtige Kadenzvollzug erst später in der Begleitung stattfindet (T. 96-98). Dort verändert sich der Begleitungsduktus zu einer stockenden, weniger pulsierenden Figur (♫ ♫). Diese musikalische Behandlung scheint sehr überzeugend, da die pausierende Singstimme vor der Wiederaufnahme der drei Eingangsverse eine Atempause erhält.

Bei der entsprechenden Stelle in Loewes Vertonung findet der Übergang hingegen ohne Zäsur statt. Durch den Rückgriff auf die zweitaktige Klaviereinleitung, die nun klanglich verstärkt wird, erscheint die direkt anschließende Rückkehr in den Anfangsvers musikalisch zwingend. Das Lied wird, wie bei Loewe, durch die melodische Wiederholung abgerundet.

Es ist auch bezeichnend, daß die Singstimme in Kleins Vertonung sehr frei behandelt wird und nicht die Versgliederung des Gedichts getreu widerspiegelt. Dabei paßt sie sich auch häufig den harmonischen Wechseln an (z. B. T. 24, 26). Zu erwähnen ist eine markante musikalische Figur mit Vorhaltsbildung, die zunächst in der Begleitung selbständig eingeführt (T. 54-60) und danach von der Singstimme punktuell mitgesungen wird (T. 58-60). Hingegen bestimmt die Singstimme bei Loewe die Grundstruktur. Die musikalische Gliederung ist mit der Vers- und Strophengliederung kongruent.

Kleins Vertonung ist durch einen schmerzvollen Gestus geprägt, der vor allem durch Dissonanztöne (verharrender Orgelpunkt, Vorhaltsbildung) erzeugt wird. Die Melodiebildung beruht auf schrittweise fortschreitenden Intervallen, die charakteristisch für die Tonart a-Moll sind.

Schuberts Lied bildet einen starken Kontrast zu Loewes und Kleins Vertonungen. Dieser Kontrast bezieht sich in erster Linie auf die Klavierbegleitung, die musikalisch vielfältig und wechselhaft gestaltet ist. Jede Strophe erhält eine eigene Begleitformel, die sich in Hinblick auf Duktus und Klang von einander stark unterscheiden (Die Begleitung in der zweiten Hälfte der vierten Strophe ist analog derjenigen der dritten Strophe).

Auch harmonisch zeichnet es sich durch wechselhafte und ungewöhnliche Modulationen aus (eine enharmonische Modulation von des-Moll zu A-Dur), wie die Tabelle zeigt. Dabei ist das „Nachkadenzieren", das sich am Ende der ersten (T. 5), zweiten (T. 10-12) dritten (T. 17-18) und vierten Strophen (T. 26-28) findet, auch von großer Bedeutung. Das Fehlen der letzten drei Strophen bei Schubert läßt jedoch eine umfassende Einbeziehung in den Vergleich der beiden anderen Stücke nicht zu.

6. Auf dem See

Loewe hat das Lied im Jahre 1836 komponiert und seiner Frau gewidmet. Von Friedlaender wird es nicht aufgeführt und scheint auch sonst wenig bekannt zu sein[136]. Von Schubert sind zwei Fassungen überliefert[137]. Die zweite Fassung wird beim Vergleich herangezogen. Reichardts Komposition stammt aus „Göthe's Lyrische Gedichte"[138] und ist eine auf zwei Systemen notierte Liedvertonung.

Der Text

1 Und frische Nahrung, neues Blut
2 Saug' ich aus freier Welt;
3 Wie ist Natur so hold und gut
4 Die mich am Busen hält!
5 Die Welle wieget unsern Kahn
6 Im Rudertakt hinauf,
7 Und Berge, wolkig himmel an
8 Begegnen unserm Lauf.

9 Aug', mein Aug', was sinkst du nieder?
10 Goldne Träume, kommt ihr wieder?
11 Weg, du Traum, so gold du bist:
12 Hier auch Lieb und Leben ist.

13 Auf der Welle blinken
14 Tausend schwebende Sterne,
15 Weiche Nebel trinken
16 Rings die türmende Ferne;
17 Morgenwind umflügelt
18 Die beschattete Bucht,
19 Und im See bespiegelt
20 Sich die reifende Frucht.

Die drei Strophen dieses Gedichts sind unterschiedlich aufgebaut. Die erste und dritte Strophe bestehen aus acht und die eingerahmte zweite Strophe aus vier Versen. Die

---

[136] Friedlaender, Bd. 2, S. 171-172.
[137] Die erste Fassung op.92,1 und die zweite Fassung op.92,2.
[138] Göthe's lyrische Gedichte, mit Musik von J.F. Reichardt, Berlin, 1794.

Variation von Versbau, Reimordnung und Metrik der drei Strophen verleiht dem Gedicht ein besonderes Gepräge.

Für die erste Strophe benutzt Goethe abwechselnd drei- und vierhebige Jamben. Durch dieses charakteristische Metrum und die durchgängig einsilbigen Endreime wird vor allem ein balladesker Ton erzielt.

In der ersten Halbstrophe stellt sich das erzählende, persönliche Ich einfach dar. In dieser Hinsicht ist die balladeske und damit auch epische Anlage sehr ausgeprägt. Der Protagonist drückt die große Begeisterung für die Natur und die freie Welt aus. In der zweiten Halbstrophe wird die Naturbegegnung mit der Bootsfahrt in Zusammenhang gesetzt.

Die zweite Strophe bringt inhaltlich eine Wende der Stimmung. Der Außenbezug weicht einer Schilderung innerer Befindlichkeit und trägt dabei introvertierte Züge. Formal geht die Strophe zu vierhebigen Trochäen und zu Reimpaaren a a b b über, wobei a ein weiblicher und b ein männlicher Reim ist. Bei den vorwiegend einsilbigen Wörtern fallen die zweisilbigen „Goldne Träume" und die vor den Fragezeichen stehenden Wörter „nieder" und „wieder" besonders auf. Dies strahlt einen Reiz der Versuchung aus.

In der dritten Strophe ist jeder Vers dreihebig. In den geraden Verszeilen wechseln Trochäen mit Daktylen und verleihen der ganzen Strophe einen schwebenden Rhythmus.

Wie in der ersten Strophe, findet man auch hier zwei gekreuzte Reime. Die erste Hälfte der Strophe besteht ausschließlich aus weiblichen und die zweite Hälfte aus männlichen Endreimen. Dieser Teil löst sich von allem persönlichen Bezug und ist eine objektive Betrachtung der Natur.

Die Musik

Loewe gliedert das Lied zunächst in drei verschiedene Teile, den drei Gedichtstrophen entsprechend. Allerdings wiederholt er rückläufig den zweiten und dann den ersten Teil unverändert, so daß letztendlich eine fünfteilige Form entsteht (a b c b a). Dadurch wird er auf ganz eigene Weise der spiegelbildlichen Symmetrie des Textes (8+4+8) gerecht. Die ersten zwei Teile sind musikalisch abgeschlossen, der dritte schließt auf der Subdominante, was eine Weiterführung erfordert.

Im ersten Teil (T. 1-16) ist der Kontrast zwischen den ungeraden und geraden Versen besonders auffällig: Bei jedem Vers wechselt der Takt vom ausgeschriebenen 6/8-

(ungerade Verse) zum 4/4-Takt (gerade Verse), der Rhythmus von durchgehenden Achteln zu regelmäßigen Vierteln. Außer dem ersten Versanfang gehören die auftaktigen Versanfänge jeweils noch dem vorausgehenden Taktmetrum an, da der Wechsel stets mit dem Volltakt erfolgt. Dadurch kommt es am Beginn des dritten, fünften und siebten Verses (T. 4,8,12 bei „wie", „die", „und") zu einer Dehnung des Auftaktes und einem leichten Stoß beim Eintritt des nachfolgenden Taktes.

Die Musik zeichnet sich durch einen der ersten Gedichtstrophe entsprechenden volkstümlichen Ton aus. Diese Stimmung ergibt sich einerseits aus der einfachen Gestaltung der Begleitung: die oberste Stimme des Klaviers schmiegt sich der Singstimme fortwährend an und das Pendeln zwischen Tonika und Dominante beherrscht den harmonischen Verlauf, andererseits aus der lebhaften, stufenweise fortschreitenden Melodie mit wechselndem Rhythmus.

Im zweiten Teil (T. 17-25) verläßt der Gesang den heiteren Ton und wendet sich von „Un poco vivace" dem „Andante" zu. Er steht im 3/4-Takt, beginnt mit der Subdominante (B-Dur) und schließt auf der Tonika. Die Singstimme folgt dem Charakter der Verse.

Der Monolog hebt mit rezitativischen Tonrepetitionen an („Aug, mein Aug") und fällt dann auf „nieder". Das zögerliche Moment in den langen Silben der Wörter („nieder", „wieder") wird von den langen Noten ausgekostet. In der träumerischen, melodiösen Phrase (T. 19-21) schwebt eine süße Versuchung („goldne Träume" mit Chromatik und der Vortragsbezeichnung „dolce"). Mit dem plötzlichen Erwachen beginnt die abrupte Ablehnung („weg, du Traum") im rezitativisch gesetzten Ton und punktierten Rhythmus. Bei „so gold du bist" deuten das piano und der harmonische Wechsel zur Tonika das Zurückhalten des Traumes an. Dann findet der fröhliche und unbefangene Ton wieder zu sich (in vorwiegend lebhaften Sechzehnteln). Der nuancierte dynamische Wechsel des ganzen Abschnitts (T. 20 -24, dim., pp, mf, p, f) spiegelt den schwankenden seelischen Zustand wieder.

Im dritten Teil (T. 26-43) ist die Begleitungsfigur zweitaktig gruppiert. Der Rhythmus des ersten Takts (T. 26) ist von dem Anfangstakt des zweiten Teils (♫♫ ♫) übernommen. Der zweite Takt (T. 27) hat eine Triole in der Mitte (♫ ♫♫ ♫). Diese zwei Takte werden in umgekehrter Reihenfolge (T. 28,29) wiederholt, so daß eine viertaktige Struktur entsteht. Loewe verrät uns die Anordnung dieser Begleitungstakte:

Er schrieb in den Klavierpart die Verse in umgekehrter Reihenfolge hinzu, wobei jeder Vers einen Takt erhält[139].

Es ist ersichtlich, daß die Begleitungsfigur die einfachste Möglichkeit ist, das Versmetrum dem vorgegebenen Text anzupassen. Die Daktylen in den geraden Versen bedingen die Triole (T. 27). Nach dem gleichen Prinzip wird die Begleitung viertaktig gruppiert fortgesetzt, jeweils einem Verspaar entsprechend - abgesehen von den letzten zwei Takten (T. 42-43), die durch die dritte Wiederholung des letzten Verspaars entstehen (4+4+4+4+2).

Auch die Singstimme ist viertaktig gegliedert. In der ersten Hälfte der Strophe erhält sie eine zweitaktige Melodie a, die durch Variation vier Mal erscheint. Jeder Versanfang ist mit einer charakteristischen Triole versehen. In der zweiten Hälfte kommt eine neue abtaktige melodische Gestalt b hinzu, die mit der angefügten Figur a wiederum vier Takte und durch Abweichung sowie variative Wiederholung schließlich acht Takte ergeben.

Die Besonderheit liegt in der Inkongruenz von Singstimme und Begleitung:

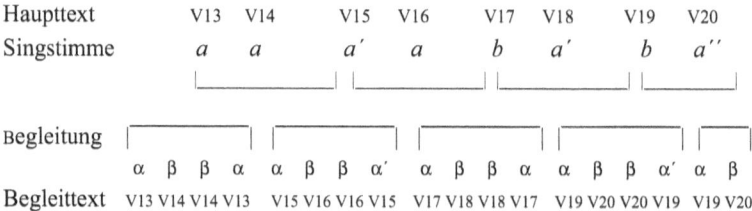

Wie die Tabelle zeigt, werden die zwei angehängten Takte am Schluß (T. 42-43) durch die Überschneidung erforderlich. Durch die Technik der Überschneidung und die Mikrostruktur in der Begleitung (taktweise Anordnung) entsteht eine Unruhe, die dem Schimmern der Wellen und dem anbrechenden Tag entsprechen.

---

[139] Siehe das Vorwort der Gesamtausgabe Bd. 11, S. 11. Die Begleitung dieses Teils, vermutlich für Chorsatz konzipiert, bestimmt das Versmetrum den Rhythmus der Begleitung.

Vergleichende Betrachtung

Loewe	Schubert	Reichardt
op.80, H.1, Nr.2	op.92, 2 (D543)	„Göthe's lyrische Gedichte"
1836	1817	1794
F-Dur, 6/8, 4/4, 3/4	Es-Dur, 6/8	E-Dur, 6/8
Un poco vivace/Andante	mäßig	stark und lebhaft, doch nicht geschwinde

Alle drei Komponisten haben diesen Text als durchkomponiertes Lied vertont. Diese Entscheidung ist offensichtlich durch die verschiedene Strophenstruktur bestimmt. Was die musikalische Gliederung betrifft, lassen auch Schubert und Reichardt die Dreiteiligkeit des Gedichtes musikalisch bestehen.

Die Gliederung

```
             Vorspiel   Vers 1-8 (Teil 1)   Vers 9-12 (Teil 2)   Vers 13-20 (Teil 3)         Nachspiel
Reichardt      4        |_____|     |_____|      |_____|                6
               T - D    T              T    ?             D      T             T                T

Loewe                   |_____|     |_____|      |_____| + Teil 2 u.    1
                        T              T  S T             S      S                              T

Schubert       5        |_____|     |_____|      |_____|                6
               T - D    T         (D7)  Tp  D7                   T             T                T
```

Schubert trennt die einzelnen Teile durch Pausen (zwischen erstem und zweitem Teil) oder Taktwechsel (zwischen zweitem und drittem Teil) und vor allem durch eine jeweils andersartige Begleitungsfigur. Jedoch enden der erste (Dominantseptakkord zu dem anschließenden c-Moll) und zweite Teil (Dominantseptakkord zu Es-Dur) harmonisch offen.

Bei Reichardt wird nach dem auf dem Grundton kadenzierten ersten Teil (T. 4-20) ein Zwischenspiel (T. 20-26) eingeschoben. Der Mittelteil schließt auf der Dominante und wird gleich zur Grundtonart E-Dur zurückgeführt, womit der dritte Teil (T. 37-52) beginnt. Die Abgrenzung wird ebenfalls durch die verschiedenartige Begleitung verdeutlicht.

Was die Gliederung der Verse angeht, weisen die drei Kompositionen eine erstaunliche Ähnlichkeit auf, wie die folgende Tabelle es für den ersten Teil darstellt.

Vers	1 + 2		3 + 4		5 + 6		7 + 8		
Loewe	[2 × 2]	+	[2 × 2]	+	[2 × 2]	+	[2 × 2]		
Reichardt	[2 × 2]	+	[2 × 2]	+	[2 × 2]	+	[2 × 2]		
Schubert	[4 × 3]	+	[4 × 3]	+	[2 × 2]	+	[2 × 2]	+	[2 × 2]
	Vordersatz		Nachsatz		Vordersatz		Nachsatz		
thematisch	A		A'		B		C		C

Jeder läßt die Singstimme des jeweiligen Verses, dem jambischen Metrum entsprechend, auftaktig einsetzen. Aus den ersten vier Verszeilen wird von jedem eine Periode gebildet. Die letzten vier Verse gliedern sich zwar auch bei jedem in zwei Abschnitte und bilden ein symmetrisches Gebilde, aber es besteht kein melodischer Zusammenhang.

Da in Schuberts Vertonung jedes auf einer Hebung stehende Wort einen ganzen Takt belegt, ist die unregelmäßige Taktzahl (4 × 3) durch den Wechsel von Vier- und Dreihebigkeit entstanden.

In der zweite Hälfte gruppiert Schubert zweitaktig, wodurch die Gesangsmelodie beschleunigt wird. Hier wechselt Schubert zu einer neuen, synkopierenden Begleitungsart, die offenbar vom Bild der wiegenden „Welle" bestimmt ist[140]. Der Schluß wird durch musikalische Wiederholung der letzten zwei Verse erweitert (T. 28-31) und kehrt wieder zur Grundtonart zurück. Bei Loewe und Reichardt hingegen werden der Rhythmus und die Begleitungsformel der ersten Hälfte beibehalten.

Der zweite Teil wird bei Schubert stark vom ersten abgesetzt. Die Begleitung wird nach dem Schlußton der Singstimme drei Takte (T. 31-33) fortgesetzt und zu einem unaufgelösten Dominantseptakkord geführt, der durch eine eintaktige Generalpause (T. 34) abgebrochen wird. Schwarmath gibt zu dieser kühnen Stelle folgende Erklärung: „Schubert schneidet das Außen abrupt auf dominantisch offenem Klang ab und schafft eine neue musikalische Situation, die das Bewußtsein des Ich, das Innen, frei-

---

[140] Spies, Studien zum Liede Franz Schuberts, S. 197.

legt"[141]. Bei Reichardt wird der Übergang durch ein vergleichsweise langes Zwischenspiel (7 Takte) gestaltet[142].

Im zweiten Teil ähneln sich sehr die drei Kompositionen im Hinblick auf die Textinterpretation. Der ausgeprägte Monolog-Charakter, die Verinnerlichung („Aug, mein Aug, was sinkst du nieder?") wird bei Schubert rezitativisch vorgetragen. Diesem Stimmungsumschwung korrespondiert das Auftreten der parallelen Molltonart (c-Moll) und der neue Duktus der Begleitung.

Auch bei Reichardt ist die Singstimme rezitativisch (Tritonussprung ais'-e'', Oktavsprung, Tonrepetition) gestaltet. Harmonisch gesehen wird bei Reichardt zwei Takte vor Beginn des Mittelteils von E-Dur nach e-Moll eingetrübt (T. 25) und gleichzeitig vollzieht sich eine Veränderung in der Begleitung (die rechte Hand übernimmt die Figur der linken, während die linke Oktaven anschlägt). Die Wendung der phrygischen Kadenz (T. 27-28) dieses Verses vermittelt die „Frage" des Textes.

Bei der Textstelle „Goldne Träume, kommt ihr wieder?" bringt Reichardt eine Wiederholung des letzten Verses um eine Terz höher, während Schubert sich zu einer gedehnten, liedhaften Melodie mit einer neuen Begleitfigur wendet. Hier wird die zweitaktige Melodie einmal wiederholt (T. 38-39, 40-41) und einen Takt später vom Klavier in Engführung imitiert (T. 39-40, 41-42). Diese Anlage mit Echowirkung und die empfindsame Melodie geben dem Text einen adäquaten Ausdruck wieder.

Bei den letzten zwei Versen („weg, du Traum, so gold du bist; Hier auch Lieb und Leben ist") wechselt dem Text gemäß sowohl in Schuberts als auch in Reichardts Vertonung die Stimmung. Das nun freiere Gemüt wird vor allem durch die Gesangsmelodie zum Ausdruck gebracht. Während bei Schubert das Klavier mit dem Gesang kontrapunktisch zusammenwirkt, wird bei Reichardt die gebrochene Akkordbewegung beibehalten.

Im dritten Teil läßt sich die Singstimme der drei Kompositionen ebenfalls periodisch gliedern.

---

[141] Schwarmath, Musiksicher Bau und Sprachvertonung in Schuberts Liedern, S. 45.
[142] Das Vorspiel besteht aus 4 Takte und das Nachspiel 6 Takte.

Vers	13 + 14	15 + 16	17 + 18	19 + 20	13+14+15+16+15+16+13+14
Loewe	[2 × 2] +	[2 × 2] +	[2 × 2] +	[2 × 2]	
Reichardt	[2 × 2] +	[2 × 2] +	[2 × 2] +	[2 × 2]	
thematisch	A	A'	B	C	
Schubert	[2 × 2] +	[2 × 2] +	[2 × 2] +	[2 × 2] +	[2 × 2]+ [2 × 2]+ [2 × 2]+4 +5
thematisch	A	Sequenz	B	Sequenz	A'' Sequenz C D

Bis auf die Schlußerweiterung bei Schubert, der auf die ersten vier Verse dieses Teils (Vers 13-16) zurückgreift, entspricht sich die Unterteilung in zweitaktige Glieder. Die Erweiterung bei Schubert deutet auf schöne Weise die in den Versen beschriebenen Naturbewegungen an. So gibt deren Anordnung (Vers 13,14+15,16+15,16+13,14) eine den Wellen gemäße rückläufige Bewegung wieder.

In Hinblick auf die Textintrepretation besteht kein großer Unterschied zwischen den drei Vertonungen. Das alle drei verbindende Elemente ist das Darstellen des Wassers. Dies bedingt jedoch eine unterschiedliche Gestaltung der Begleitung.

In Loewes späterer Vertonung ist der Klaviersatz bis auf die Verschachtelung im dritten Teil relativ simpel gestaltet. Die Singstimme und Klavieroberstimme bilden durchgehend eine Einheit, womit der volkstümliche Charakter noch verstärkt wird.

Reichardts Vertonung ist vermutlich aus platzsparenden Gründen nur auf zwei Systemen notiert. Die Begleitung besteht aus einer Wellenbewegung in Sechzehnteln und einer harmonischen Füllstimme.

Bei Schubert findet man den größten Abwechslungsreichtum in der Begleitung hinsichtlich der Darstellung der Wasserbewegung. Im Vergleich zu den anderen sind die Wellen- oder Wasserfiguren vielseitiger und plastischer gestaltet. Die Einheit des Stücks wird trotz des Wechsels der Gesangsmelodie, die sich nach dem Textinhalt richtet, gewahrt.

Zusammenfassung

Die hier ausgewählten sechs Lieder können sicher nicht ein vollständiges Bild geben, jedoch präsentieren sie ein Profil von Loewes Liederschöpfung.

Die ersten drei Lieder schrieb Loewe als junger Komponist zwischen den Jahren 1816 und 1818, noch bevor er seine erfolgreichen Balladen schuf. Man spürt den Versuch eines Talentierten, der sich in den Möglichkeiten dieser Musikgattung „Lied" ausprobieren möchte. In „Wandrers Nachtlied" zeigt Loewe sein sensibles Gefühl für das Gedicht und die Fähigkeit zur klaren Strukturierung, die sich völlig nach dem Sinn des Textes richtet. In „Ich denke dein" greift Loewe zu einem mutigen Experiment. Er ignoriert die regelmäßige Form des Gedichtes, um ein variationsreiches, großangelegtes durchkomponiertes Lied zu schaffen. Obwohl gerade die unvermittelte Reihung verschiedener Stationen zur Uneinheitlichkeit des Liedes führt, ist die Idee zu seiner Zeit bahnbrechend. Die üppige, fast überladene Tonmalerei ist bezeichnend für das Lied.

In dem Lied „Sehnsucht" erkennt man wieder, daß zu jener Zeit für Loewe „Entwicklung" wichtiger ist als „Wiederholung". Aus einer spiegelbildlichen dichterischen Form, mit der alle anderen Komponisten ein in sich kreisendes Lied schafften, entschied sich Loewe für eine Durchkomposition mit steigernder Dramatik. Schon hier kündigt sich an, daß Loewe eher ein Dramatiker als ein Lyriker ist und später mit Recht ein größerer Balladenmeister als Liedschöpfer wurde. Auch die Verwendung der Chromatik in harmonischer und melodischer Hinsicht ist beachtlich „modern". Für einen jungen Komponisten, der zuvor knapp zwanzig Lieder vertonte, sind diese drei Lieder eine bewunderungswerte Leistung.

Bevor das Lied „Meine Ruh ist hin" im Jahre 1822 entstand, hatte Loewe bereits mit einigen bedeutenden Werken wie „Edward", „Erlkönig", „Elvershöh" seine Bahn zur Kunst der Balladen eingeschlagen und einen ausgesprochenen eigenen Charakter entwickelt. Das Lied zeigt seine feinfühlige Auffassungskraft für den dichterischen Sinn des Textes. Die Nuance der Musik, die sorgfältige Behandlung der Einzelheiten, der durchgehaltene rhythmische Faden und vor allem die spürbare psychologische Tiefe sind zu bewundern. Als ein Dramatiker hat Loewe eine konkrete Vorstellung für die Inszenierung der dichterischen Figur. Gretchen wird in diesem Lied mit einer Altstimme dargestellt, wodurch die tiefere Lage dazu beiträgt, die dramatische Kraft zu intensivieren.

Die gleiche Vorstellung gilt auch für das lyrische Lied „ach neige, du Schmerzenreiche", das dreizehn Jahre später als „Meine Ruh ist hin" komponiert wurde. Loewe verbindet den seelischen Zustand (Hilfeschrei) mit äußeren Effekten („die Kirchentür öffnet ... und schließt sich). Ihm genügen nicht die Veränderungen von Klang und Dynamik, er fügt noch die Bühnenanweisung hinzu. Man kann wohl die zwei Gretchen-Lieder den romantischen Stimmungsliedern zuordnen, die nicht den äußerlichen, sondern eher den innerlichen, seelischen Zustand reflektieren.

„Auf dem See" stammt aus dem Jahre 1836. Nach 1844 hat Loewe keine Goetheschen Gedichte mehr vertonte. Vergleicht man dieses Lied mit den früheren, kann man keinen deutlichen Fortschritt feststellen. Die Begleitung ist einfach konzipiert. Ein Rückgang zur Simplizität ist zwar hier spezifisch auch in der Volkstümlichkeit des Textes zu finden, doch erscheint darin eine allgemeine Tendenz, die sich in Loewes späterem Liedschaffen immer stärker bemerkbar macht. Mit dem Aufhören der Vertonung von Goethe-Liedern, hat Loewe eigentlich auch mit der Schöpfung von ernsten lyrischen Liedern aufgehört.

Im Hinblick auf die Zahlen ist es eindeutig, daß die Goethe-Vertonungen die wichtigste Stellung in Loewes Liedschaffen einnehmen. Dies trifft auch für die hier zum Vergleich herangezogenen Komponisten zu. An diesem „Schnittpunkt" wird die Stellungen der einzelnen Komponisten als Liedschöpfer besonders deutlich.

Im Vergleich mit Zelter oder Reichardt, ist die Überlegenheit der Loeweschen Lieder eindeutig. Man kann schon fast von zwei gegensätzlichen Richtungen sprechen.

Loewe sprengt den festen Rahmen der „sangbaren Melodie" und bricht mit dem Formalismus des strophischen Liedes nach dem Dogma der Berliner Liederschule. Daß die Musik der Berliner Liederschule nur auf die Grundstimmung zielt und der Inhalt des Textes eine geringe Rolle spielt, zeigt den größten Unterschied zwischen Loewe und ihr. Während diese nur ein lockeres Verhältnis zur Textvorlage hat, folgt Loewe dem Text vom Ganzen bis ins Detail. Er baut seine musikalische Form nach der Textgliederung des Gedichts überzeugend auf, im Gegensatz zu den Zelterschen Vertonungen, in denen die dichterische Form oft gar nicht mehr erkennbar ist.

Hinsichtlich der Textverbundenheit übertrifft er sogar manchmal Schubert. Dies bezieht sich besonders auf die Interpretation des greifbaren Textinhalts. Es ist erstaunlich, wie sich in seinen Deutungen die große Auseinandersetzung mit dem dichterischen Stoff offenbart.

Im Hinblick auf den sorgfältigen Umgang mit dem Text weisen die zwei Komponisten gewisse Ähnlichkeiten auf. Doch bei Schubert spürt man selten Zwang und die Melodie wirkt wie natürliche Strömung. Bei Loewe liegt die Deklamation eher der Sprachmelodie nah.

Insgesamt verblassen jedoch Loewes Lieder im Vergleich zu Schuberts. Bei diesem ist die musikalische Struktur der primäre Parameter. Die Musik geht zuweilen noch über den Text hinaus und eröffnet eine andere Dimension. Außerdem findet bei Schubert eine Verschmelzung von Sprache, Singstimme und Klavierbegleitung statt, die Nägeli als „polyrhythmisch" bezeichnete. Der größte Unterschied zwischen beiden liegt in erster Linie in der Klavierbegleitung, die bei Schubert oft eine eigene Struktur aufweist. Der Musik bei Loewe fehlt insgesamt die „Selbständigkeit".

Obwohl Loewe sich keiner bestimmten Liederschule zuordnen läßt, zeigen sich seine Goethe-Vertonungen, mindestens diejenigen, die hier untersucht worden sind, als gute Beispiele für den Übergang vom einfachen Lied der Berliner Liederschule bis zu dem deutschen Kunstlied, das von den großen Meistern wie Schubert und Schumann vertreten wird.

V Schlußbemerkung

„Loewe ist frühzeitig auf ein einsames Eiland geworfen worden. Was draußen in der Welt vorgeht, kommt nur erzählungsweise zu seiner Kunde, wie umgekehrt die Welt nur selten von ihm hört. Zwar Löwe ist der König dieses Eilandes und baut es an und verschönert es, denn die Natur hat ihn mit dichterischen Kräften ausgerüstet. Größeren Einfluß aber auf den Gang der Weltbegebenheiten ausüben kann er nicht und will es vielleicht auch nicht. ... Zu lang anhaltende Abgeschiedenheit von der Welt schadet dem Künstler zuletzt", schrieb Schumann im Jahre 1842[143], zwei Jahre nach seinem äußerst fruchtbaren Jahr des Liedes, mit dem er eine neue Ära der romantischen Lieder erschloß. Was Schumann nicht wissen konnte, ist, daß Loewe nicht nur Schubert, der zwei Monate jünger als er war, sondern auch Schumann selbst überleben würde. Von den zwei großen Liedkomponisten ist aber keinerlei Einfluß auf Loewe zu merken. Auch die Polemik zwischen Anhängern von Wagner und Brahms war an ihm vorbeigegangen. Er hat dazu keine Stellung genommen.

Die Behauptung, daß "Loewe frühzeitig auf ein einsames Eiland geworfen worden" sei, entspricht nicht ganz der Wahrheit. Von dem Jahr 1835 an hat er stets Konzertreisen in viele deutsche Städte unternommen und 1845 seinen großen Triumph in Wien, 1847 in England erlebt. Loewe hatte durchaus Kontakt mit der Außenwelt. Dieser war jedoch nur einseitig. Mit den Konzerten öffnete er sein Tor für die Außenstehenden, nahm aber von ihnen nichts auf. Zwar hat Loewe die Matthäus Passion und Beethovens Neunte mit großem Enthusiasmus aufgeführt. Aber in seinem speziellen Bereich, in der Welt der Ballade, konnte und wollte er, mit gewissem Recht, von niemandem etwas lernen. Diese Attitüde gilt aber unglücklicher Weise auch für sein Liedschaffen.

Loewe ist in seinem künstlerischen Schaffen stehen geblieben. Viele Musikforscher vertreten die Ansicht, daß „eine Entwicklung oder Wandlung in Loewes Schaffen nicht festzustellen ist"[144]. Es ist interessant zu beobachten, daß "Erlkönig" von Schubert durchkomponiert und das ebenbürtige Stück von Loewe in variierter Strophenform komponiert wurde. Und gerade um diese Zeit erreichten beide Komponisten den Durchbruch, schlugen jedoch ganz unterschiedliche Bahnen ein. Allerdings macht Loewe hierin „keine Entwicklung durch, wie beispielsweise der so viel genialere Musiker Schubert, bei dem eine Entwicklung in dem Liedschaffen in der Richtung über

---

[143] Schumann, „Neue Zeitschrift für Musik", 1842, S. 119-120.
[144] Vgl. „Reclams Liedführer", S. 324.

das Strophenlied und, nach dramatischer Lockerungstendenz 1817-1818, über das "sinfonische" Lied hin bis zum variierten Strophenlied und Variationenlied aufgezeigt werden konnte"[145].

Isolierung ist ein Grund des Stehenbleibens. Dieser Grund liegt teils in seinem realen Musikleben und teils in seinem psychologischen Verhalten. Das "Eiland", auf dem Loewe der König ist, ist die Ballade. Er "baut es an und verschönert es", und man kann sagen "seine späten Kompositionen sind so frisch und farbig wie die frühen"[146]. Aber der König ist gleichzeitig ein Gefangener des Eilands. Die Ballade ist der Kern seiner künstlerischen Tätigkeit. Seine allgemeinen kompositorischen Stilmittel sind überhaupt auf sein Balladenschaffen zurückzuführen. Nicht nur seinen Liedern, auch seinen Klavierstücken, wie den Charakterstücken für Klavier oder Klavierphantasien, wohnen balladenartige Züge inne[147]. Es ist schwer zu entscheiden, ob Loewe von Natur her eine Zuneigung zur Ballade hat, oder sein Schaffen von Balladen eine so starke Ausstrahlung hat, daß sie in alle übrigen Bereiche eindringt.

Während man Loewe größte Verdienste um die Balladenkunst zuschreibt, erkennt man auch, daß sein entscheidender Beitrag dazu ist, die optimale Form der abgestuft variierenden strophischen Lieder, wenn nicht selber erfunden, so zumindest durchgebildet zu haben. Der Erfolg seiner Balladen ruht wesentlich auf diesem Prinzip: „Mit den beiden außerordentlichen Leistungen der Balladen ˋEdwardˊ und ˋErlkönigˊ hat Loewe plötzlich in der meisterhaftesten Weise ein Prinzip durchgebildet, das von nun ab allen seinen Balladen zugrunde liegt: die strophische oder mehrstrophische, durch Variation charakterlich abgestufte Form"[148]. Wir wissen, daß diese Form nicht, wie Engel meint, eine Erfindung Loewes war, sondern daß sie bereits vorgebildet war, insbesondere bei Konradin Kreutzer. Bei Loewe erfolgt jedoch die Durchbildung dieses Prinzips.

Loewe war vielleicht zu stolz auf dieses Prinzip und unfähig, ein anderes bedeutendes zu finden. Selbstverständlich hat Loewe auch eine Entwicklungsperiode, die nur all zu früh aufhört. In den früheren Jahren folgte der junge Komponist hauptsächlich dem Stil älterer Meister, und seine erste erhaltene Ballade „Treuröschen" (op.2, Nr. 1, Text von Körner) ist „vom Vorbild Zumsteegs abhängig"[149]. Aber in den im vorangegangenen Kapitel untersuchten drei Goetheschen Liedern zwischen 1816 und 1818 ist seine

---

[145] Engel, S.110.
[146] Vgl. „Reclams Liedführer", S. 324.
[147] Vgl. Wellmer, S. 34 ff.
[148] Engel, S.110.
[149] Engel, S. 108-109.

Eigenständigkeit durchaus zu merken. 1818 kommt mit dem Erfolg der beiden oben genannten Balladen der Wendepunkt. Zuvor war er experimentierfreudig und sogar avantgardistisch; danach hat er sich etabliert und ist stehengeblieben. Zuvor zeigte er keine deutliche Zuneigung zu Balladen, obwohl der Dramatiker in ihm nicht zu übersehen war; danach hat er seinen eigenen Weg gefunden, wurde Meister in diesem spezifischen Gebiet und hat die lyrischen Lieder nicht mehr mit voller Kraft gepflegt.

Was geschieht mit seinem Liedschaffen nach dem Wendepunkt? Die Aussage von Engel: "Das durchkomponierte Lied verschwindet von jetzt ab so gut wie ganz aus seinem Schaffen. Das strophische Prinzip beherrscht auch das Lied"[150] ist nur mit Einschränkung zu akzeptieren. Die folgende Tabelle zeigt die Häufigkeit der verschiedenen Formtypen[151] in den jeweiligen Schaffensphasen.

		Goethe-Lieder	Andere Lieder	Summe
vor 1817	Strophenlied			
	Variiert strophisch			
	Durchkomponiert	2		2
1817	Strophisch		18	18
|	Variiert strophisch	1	30	31
1830	Durchkomponiert	3	3	6
1831	Strophisch	3	15	18
|	Variiert strophisch	9	26	35
1840	Durchkomponiert	6	4	10
1841	Strophisch		11	11
|	Variiert strophisch		16	16
1862	Durchkomponiert		1	1
Summe		24	125	

Eine deutliche Dominanz der variierten strophischen Form ist zwar auch bei seinen Liedern festzustellen, aber es gibt durchaus auch durchkomponierte Lieder. Es ist besonders zu bemerken, daß bei den Goetheschen Vertonungen die durchkomponierten Lieder nicht hinter den anderen zurückstehen.

---

[150] Engel, S. 110.
[151] Der Formtyp „Variiert strophisch" ist hier nur ganz grob gemeint.

Wenn man die musikalische Form von Balladen und von Liedern vergleichen will, sollte man zunächst die Form der Texte vergleichen. Die Ballade ist von ihrem Ursprung her eine spezielle Gattung der Dichtkunst, welche nicht nur inhaltlich, sondern auch formal ein Sonderfall ist. Es ist nicht verwunderlich, daß Balladen als Dichtung meistens urspünglich eine einfache, sich immer wiederholende Form haben. Es war eine Notwendigkeit, diese einfache strophische Gedicht-Form beizubehalten, wenn man dichtete; es war dann eine Selbstverständlichkeit, diese strophische Musik-Form beizubehalten, wenn man komponierte. Erst seit Meister wie Loewe, Schubert oder Schumann diese Gattung pflegten, wurde sie bereichert, kunstvoll entwickelt und von der primitiven Form des Strophenliedes befreit. Die variierende strophische Form steht der ursprünglichen primitiven Form nahe. Jedoch erhält sie eine enorme Ausdruckskraft durch Loewes geschickte Handhabung: die Umbiegung der Melodien, den Wechsel der charakterisierenden Tonarten, den Kontrast zwischen Erzählung und Dialog, die nuancierte Dynamik und die tonmalerischen Details. Diese Form verbindet einerseits mehrere Episoden der Ballade, andererseits kann sie sich dem Text flexibel anpassen.

Das Variationsprinzip ist jedoch nicht ohne weiteres auf reine Lieder zu übertragen und daher kann Loewes Erfolg der Balladen nicht in den Liedern gesucht werden. Allein von dem Umfang her ist das Lied im allgemeinen nicht zu vergleichen mit der Ballade. Vor allem muß der Text hier eine sich wiederholende Form aufweisen. Diese Voraussetzung erfüllen nicht alle Lieder.

Trotz der Nicht-Übertragbarkeit des Prinzips ist der Einfluß der Balladen auf Loewes Lieder unübersehbar. "Hr. Löwe's Richtung ist rein romantisch; seine Phantasie hält sich am Besondern, scharf Charakteristischen, malerisch Schildernden; ihre Wirkungen liegen am meisten in origineller Harmonieführung, bezeichnender Rhythmik, lebendiger Declamation": Das Lob kam von Schumann im Jahre 1835[152], bevor er seine eigenen großen Leistungen im Liedschaffen hervorgebracht hatte. Der Aufsatz bezieht sich zwar auf die „Bergmanns Lieder" op.39, welche Loewe selbst als „Liederkreis in Balladenform bezeichnet, ist aber wohl allgemein gültig und charakteristisch für die Loeweschen Lieder. Allein diese Bezeichnung, die Lied und Ballade verbindet, ist ein evidenter Beleg von Loewes Zuneigung zur balladenartigen Ausdrucksform. Offensichtlich kann ein Liederkreis mehr inhaltlichen Stoff anbieten als einzelne Lieder.

---

[152] Schumann, „Neue Zeitschrift für Musik", 1835, Nr. 24.

Auch bei rein lyrischen Liedern, entweder strophisch oder durchkomponiert, ist oft der Einfluß der Ballade zu spüren.

Im Durchschnitt sind die Loeweschen Lieder nicht von der gleichen künstlerischen Qualität wie seine Balladen. Balladen bieten die Möglichkeit, die Phantasie über die dramatischen, spektakulären, farbigen Ereignisse zu entwickeln. Auch bei der Textwahl für die Lieder tendierte er instinktiv zu solchen Texten, die Naivität, Volkstümlichkeit, Natürlichkeit, Humoristik, Dramatik oder Patriotik -oft in seinen Balladen vorkommende Elemente- beinhalten. Rein lyrische Lieder, allein nach der Anzahl beurteilt, sind nicht Loewes Vorliebe. In der Tat „herrscht der Charakter des behäbigen, bürgerlichen Gesellschaftsliedes" in seinen Liedern vor[153]. Es drängt sich die Vermutung auf, daß für Loewe die Lieder in erster Linie unterhaltsam sein sollten. In seinen besten Liedern und Balladen erreichte er trotz psychologischer Feinheiten kaum die seelische oder geistige Tiefe Schuberts.

Loewe hat viele einfache, kunstlose Lieder vertont. Engel kritisierte scharf seine Textwahl: „Für die literarische Qualität seiner Gedichte hatte Loewe kaum Verständnis; er hat unglaublich schlechte Dichter vertont ... die Loewes Geschmack von bedenklichster Seite zeigen"[154]. Die Geschmacklosigkeit ist nicht zu verteidigen. Jedoch seine Textwahl reflektiert mehr oder wenig die Einstellung des Komponisten über das Liedschaffen.

Aber gerade Loewes Goethe-Lieder, die Engel als „nicht bedeutend" verurteilte[155], stellen eine andere Seite von Loewe dar. Abgesehen von manchen unbedeutenden, einfachen Strophenliedern merkt man, daß Loewe die Goetheschen Texte mit besonderer Sorgfalt behandelt hat. Die Goethe-Vertonungen nehmen den ersten Platz in Loewes Liedschaffen ein, allein schon zahlenmäßig, bei den Strophenliedern und erst recht bei den durchkomponierten Liedern. Man muß erkennen, daß Loewe nicht die Lieder aussuchte, die zu seiner Musik paßten, sondern versuchte, geeignete Formen für einzelne Lieder zu finden, ob es ihm nun gelang oder nicht.

Es mag sein, daß Engels Vorwurf auf Fehlen der literarischen Urteilskraft zutreffend ist. Aber Loewes Auffassungskraft der Texte ist bewundernswert. Sein wahrer dichterischer Sinn zeigt ihn hier in der Nähe Schuberts. Auch Schumann schrieb: "Seine

---

[153] Engel, S. 108.
[154] Engel, S. 112 ff.
[155] Engel, S. 115.

Gewandtheit in Behandlung der Texte zeigt den dichterischen Geist"[156]. Überhaupt ist die Musik Loewes stark textorientiert. Im Vergleich mit Schubert fehlt es der Musik an Selbständigkeit. Sie ist grundsätzlich dem Text dienend, trotz ihrer ausdrucksstarken Wirkung. Diese dienende Funktion der Musik ist noch deutlicher bei Liedern als bei Balladen Loewes. Bei den letzteren hat die Musik eine bindende Kraft. Durch die immer wiederkehrenden, variierenden Wiederholungen gewinnt sie eine gewisse Regelmäßigkeit und damit in gewissem Grade auch Selbständigkeit. Bei Liedern, allein wegen der Knappheit, ist solche Selbständigkeit schwer auf diese Weise zu etablieren, und es fallen die dem Text entsprechenden Detail-Effekte mehr ins Gewicht.

Die musikalische Struktur der Loeweschen Lieder ist meistens vom Gedicht abgeleitet. Die klar gegliederten Formteile entsprechen immer der Textstruktur. Wenn auch in seltenen Fällen Loewes Musik auf den ersten Blick mit der dichterischen Form nicht ganz übereinstimmt, steht sie aber wohl kaum im Widerspruch zur inneren, inhaltlichen Struktur des Textes, da für ihn der Sinn des Textes stets dominiert. Loewe folgt dem Text im großen wie im einzelnen. Die Musik zeigt deutlich Loewes eigene dichterische Auslegung, die in keinem Fall unplausibel ist.

Charakteristische Wendungen und Stimmungsänderungen im Gedicht sind musikalisch immer erkennbar. In diesem Sinn verfährt Loewe kompositorisch in seinen Liedern zumeist ähnlich wie in seinen Balladen, indem er jeder wechselnden Stimmungslage einen neuen Abschnitt mit erneutem Affekt verleiht. Es kommt in seinen Liedern oft vor, daß mehrere geteilte Stationen einander gegenüberstehen[157].

In der textlosen Partie sind seine musikalischen Mittel arm und sparsam. Vor-, Zwischen- und Nachspiele kommen in seinen Liedern sehr sparsam vor, obwohl Loewe sie in seinen Balladen häufiger verwendet, da die epischen, erzählenden Elemente seine Phantasie anregen. Diese Tatsache reflektiert vielleicht auch seine innere Einstellung zu den Liedern.

In den meisten Loeweschen Liedern herrscht eine klar gegliederte Gesangsmelodie, der sich eine mehr oder weniger reich ausgeführte Begleitung unterordnet. Daß die Singstimme eine vorherrschende Rolle spielt, nähert Loewe der Tradition der norddeutschen Liederschule. Die Singstimme tritt als melodischer Vordergrund auf, weist immer eine nicht nur dem Sinn oder der Stimmung des Texts entsprechende, sondern

---

[156] Schumann, „Neue Zeitschrift für Musik", 1835 (I), Nr 24.
[157] Typische Beispiele dafür sind z. B. „Letzter Seufzer" v. Otto von Briesen, „Ich denke dein" von Goethe, u. a.

auch dem Detail genau passende Ausdruckskraft auf. Die Loewesche Melodik ist wirkungsvoll und trägt auch zur Schilderung der Stimmung wesentlich bei. Es ist bewundernswert, wie Loewe immer Melodien erfindet, die ausdrucksvoll und überzeugend sind.

Als ausgezeichneter Sänger stellt Loewe in seinen Liedern hohe gesangstechnische Anforderungen. Man kann nicht sagen, daß seine Lieder nicht sangbar seien. Aber der Ambitus seiner ausdrucksvollen Lieder ist oft groß, die Melodieführung sprunghaft. Ein Zeitgenosse warf ihm sogar im Jahr 1835 vor: "Loewes Kompositionen liegen mit wenigen Ausnahmen in der Cantilene unzweckmäßig; der Stimmumfang erscheint ganz verzerrt"[158]. Hier verstößt er gegen das Gebot der Sangbarkeit der norddeutschen Schule. Es handelt sich hierbei um ein Stilmittel seiner Balladen, die allein durch den oft vorkommenden Personenwechsel unvermeidlich einen größeren Stimmumfang erfordern. In Liedern bietet diese Tendenz mehr dramatische Kraft (man denke z. B. an „Meine Ruh ist hin"), die manchmal Gefahr läuft, der gesamten Stimmung zu schaden. Aber bei rein lyrischen Liedern kann seine Gesangmelodie auch der Stimmung entsprechend liedhaft und sanft sein (man denkt z. B. an „Ach neige, du Schmerzenreiche"). Außerdem legt er großen Wert auf die dynamische Differenzierung und führt sorgfältig Vortragsbezeichnungen in seinen Kompositionen aus.

Doch das besondere Merkmal ist die sinnvolle Deklamation, die man auch in seinen Balladen bewundert. Sie entspricht immer der Metrik des Gedichts, vernachlässigt aber nicht den Sinnakzent. Loewe ist in diesem Hinblick Schubert ähnlich. Es stammt aus seiner scharfen Auffassungsfähigkeit des Textes, seiner lebendigen szenischen Vorstellung und seiner Sängerpraxis. Dies kann man in Liedern der norddeutschen Schule selten erfahren, da sie im Prinzip nicht ins Detail gehen. Hier hat Loewe vielleicht einen gewissen Einfluß auf Wagner und Wolf ausgeübt.

Die Klavierbegleitung der Loeweschen Lieder ist oft zu einfach. Er wendet sie meist so an, daß der Gesang und die instrumentale Hauptstimme (meistens in der Oberstimme) identisch sind. Der Rhythmus der Begleitung deckt sich auch fast immer mit der Singstimme. Insgesamt verschmilzt die Klavierpartie mit der Singstimme und baut keine Eigenständigkeit auf. Trotz der Einfachheit hat die Begleitung oft bildhafte oder stimmungsbildende Wirkung. Wie in den Balladen legt Loewe besonderen Wert auf charakterisierende Tonmalerei, die allerdings in seinen Liedern meistens oberflächlich bleibt und selten in die seelische Tiefe eindringt. Seine "Neigung zu augenblicklichen

---

[158] K, König, Carl Loewe.

musikalischen Wortuntermalungen"[159] führt oft nur zur flüchtigen Szene- oder Psychomalereien, die zu der gesamten Stimmung nicht besonders beitragen. Die Klavierpartie hat hauptsächlich eine dienende Funktion. Sie folgt dem Text, bietet weder ein tragendes Gerüst noch eine übergeordnete Struktur. Bei seinen Liedern ist die Klavierbegleitung sogar unbedeutender als bei seinen Balladen, wo geglückte Einfälle öfter vorkommen.

Der Mangel an musikalischen Mitteln, im Vergleich mit Schubert, läßt den Klaviersatz Loewes bisweilen primitiv erscheinen. Die Harmonieführung ist recht konventionell, höchstens gewisserweise Text ausdeutend. Die etwas einfallsreichere Begleitung des Liedes "Meine Ruh ist hin" zählt schon zu einer der höchsten Leistungen Loewes. Im allgemeinen zeigt sich ein Stehenbleiben, manchmal sogar ein Rückgang in dieser Hinsicht, was der Hauptgrund dafür ist, daß Loewe als großer Liedkomponist scheiterte.

Vor allem ist Loewe von Natur her eher ein Dramatiker als ein Lyriker. Er geht oft von einer konkreten Vorstellung oder einer lebendigen Szene aus. Seine Phantasie ist bildhaft. Etwas Abstraktes oder Innerliches scheint nicht seine Stärke zu sein. Er hat wohl auch nicht das Bedürfnis, persönliche Empfindung durch Lieder auszudrücken. Hier steht Loewe weit von Schubert und Schumann entfernt, wie Bulthaupt meint, „Gewiss hat der Meister auch für das reine Lied oft die schönsten und eigenartigsten Klänge gefunden. ...Aber die bedeutendsten unter seinen Liedern sind doch wieder diejenigen, die nicht als unmittelbarer lyrischer Erguß aus seiner eignen Seele fliessen, sondern die er aus einer fremden Welt, einer fremden Persönlichkeit heraus -wie in der Ballade- empfinden musste"[160]. Was Loewes Musik wirklich nicht auszeichnet, ist der rein romantische Geist. Er, der im Grund genommen kein echter Romantiker war, baut die Insel in den hohen Wellen der romantischen Zeit aus. Sein Beitrag zur Revolution des deutschen Liedes, die von Schubert fast allein zur Vollendung gebracht wurde, ist nicht zu überschätzen, jedoch in seiner Art eigen. Sein Einfluß auf die Schubert nachfolgenden großen Liedmeister wie Schumann und Brahms ist kaum zu spüren. Erst bei Wolf ist die Textverbundenheit seiner Liedkunst auf eine noch schönere Weise erblüht.

---

[159] Engel, S. 109.
[160] Bulthaupt, S. 70.

Ausgabe

Carl Loewes Werke. Gesamtausgaben der Balladen, Legenden, Lieder und Gesänge für eine Singstimme, hrsg. v. Max Runze, Leipzig 1904.

Gedichte von Goethe in Compositionen seiner Zeitgenossen, hrsg. v. Max Friedlaender, Weimar, 1896.

Zelter, Carl Friedrich: Sämmtliche Lieder, Balladen und Romanzen für das Pianoforte I-IV, Nachdruck, hrsg. v. Siegfried Kross, Hildesheim, 1984.

Neue Gesamtausgabe Franz Schubert. Neue Ausgabe sämtlicher Werke, Serie IV: Lieder, Kassel 1964 ff.

Johann Friedrich Reichardt: Goethes Lieder, Oden, Balladen und Romanzen, in: Das Erbe deutscher Musik, Bd.59, hrsg. v. Walter Salmen.

Literatur

Altenburg, Otto: Carl Loewe. Beiträge zur Kenntnis seines Lebens und Schaffens, in: Baltische Studien N.F.,XXVI, Stettin 1924,S. 235-282.

Ambros, August W.: Carl Loewe, der Romantiker, in: Culturhistorische Bilder aus dem Musikleben der Gegenwart, Leipzig 1860, S. 97-104.

Anton, Karl: Karl Loewes Bedeutung für unsere Zeit und deren Ziele, in: Zeitschrift für Musikwissenschaft 1 (1918-1919), S. 483-499.

Anton, Karl: Beiträge zur Biographie Carl Loewes, Diss. Halle 1912.

Anton, Karl: Aus Karl Loewes noch unveröffentlichter Lehre des Balladengesangs, in: Zeitschrift für Musikwissenschaft 2, S. 235-239.

Bach, Albert B.: The Art Ballad. Loewe and Schubert, London 1896.

Baselt, Bernd: Carl Loewe. Zur Konzeption eines zeitgenössischen Loewe-Bildes, in: Musik und Gesellschaft 19 (1969), S. 250-253.

Bitter, Carl Hermann: Dr. Carl Loewes Selbstbiographie, Berlin 1870/R1976.

Bollow Karl: Mein Lehrer Loewe. Erinnerung des letzten lebenden Loewe-Schülers, in: Musik in Pommern, 1934, Hf.3, S. 142-144.

Bulthaupt, Heinrich: Carl Loewe. Deutschlands Balladenkomponist, Berlin 1898.

Challier, Ernst: Grosser Lieder-Katalog mit Nachtrag, Berlin 1886/R1979.

Draheim, Hans: Goethes Ballade in Loewes Komposition, Langenssalza 1905.

Dürr, Walther: Das deutsche Sololied im 19. Jahrhundert. Untersuchungen zu Sprache und Musik, Wilhelmshaven 1984.

Dürr, Walther: Sprache und Musik, Kassel 1994.

Dürr, Walther, Feil, Arnold: Franz Schubert. Reclams Musikführer, Stuttgart 1991.

Engel, Hans: Carl Loewe. Überblick und Würdigung seines Schaffens, in: Musik in Pommern 1934, Hf.3, S. 85-141.

ders.: Artilkel „Carl Loewe", in: Musik in Geschichte und Gegenwart VIII (1960), S. 1106-1111.

Freytag, Werner: Streit um Carl Loewe, in: Musik in Pommern 1933, Hf. 2, S. 49-52.

Friedlaender, Max: Das deutsche Lied im 18. Jahrhundert. Quellen und Studien, Hildesheim 1962 (Nachdruck).

Frotscher, Gotthold: Die Ästhetik des Berliner Liedes in ihren Hauptproblemen, in: Zeitschrift für Musikwissenschaft VI (1923/24), S. 431-448.

Geck, Martin: Die Wiederentdeckung der Matthäuspassion im 19. Jahrhundert, Regensburg 1967.

Georgiades, Thrasybulos G.: Schubert. Musik und Lyrik, Göttingen 1967.

Haering, Kurt: Fünf schwäbische Liederkomponisten des 18. Jahrhunderts: Abeille, Dieter, Eidenbenz, Schwegler und Christmann, Diss. Tübingen 1925.

Kleemann, Hans: Beiträge zur Ästhetik und Geschichte der Loeweschen Ballade, Diss. Halle 1913.

König, Karla: Carl Loewe, Stettin 1937.

Krause, Christian Gottfried: Von der Musikalischen Poesie, Nachdruck Leipzig 1973, (Org.1753).

Moser, Hans Joachim: Die Ballade und Karl Loewe, in: Das deutsche Lied seit Mozart, Bd.1, Berlin 1937, S.128-140.

Moser, Hans Joachim: Zwölf Balladen von Karl Loewe, in: Das deutsche Lied seit Mozart, Bd.2, Berlin 1937, S. 77-93.

Moser, Hans Joachim: Karl Friedrich Zelter und das Lied, in: Jahrbuch der Musikbibliothek Peters 1932, S. 43-54.

Nägeli, Hans G.: Historisch-Kritische Erörterungen und Notizen über die deutsche Gesangs-Cultur, in: Allgemeine Musikalische Zeitung XIII, 1811, S. 629-642, 645-652.

Nauenburg, Gustav: J. C. G. Löwe, in: Neue Zeitschrift für Musik, Bd. 3 (1835 II), Nr.25, Leipzig 1963 (Neudruck), S. 97-100.

Niggli, Arnold: Karl Loewe. Der Meister der Ballade, in: Neujahrsblatt der Allgemeinen Musikgesellschaft in Zürich 1897, 85, S. 1-31.

Oehlmann, Werner: Artikel „Carl Loewe", in: Reclams Liedführer, Stuttgart 1973, S. 324-337.

Plüddemann, Martin: Karl Loewe, in: Bayreuther Blätter 15 (1892), S. 318-336.

Rosenwald, Hermann: Das deutsche Lied zwischen Schubert und Schumann, Diss. Heidelberg 1929.

Ruhnke, Martin: Stand der Forschung zur Geschichte der Musik in Pommern, in: Musik des Ostens 11, Kassel 1989, S. 251-70.

Runze, Max: Carl Loewe, Leipzig 1905.

Runze, Max: Loewes Bedeutung für unsere Zeit und deren Ziele, in: Zeitschrift für Musikwissenschaft I (1919), S. 483-499.

Runze, Max: Karl Loewe, eine ästhetische Beurteilung, in: Sammlung musikalischer Vorträge, 5. Reihe, Nr.58, Leipzig 1884, S. 329-356.

Runze, Max: Goethe und Loewe, in: Allgemeines Vorwort zu Band XI und XII der Gesamtausgabe, S. 3-21.

Runze, Max: Ludwig Giesebrecht und Carl Loewe, Berlin 1894.

Scheithauer, Bruno: Verzeichniss sämmtlicher gedruckten Werke Dr. Carl Loewes, Berlin 1886.

Schilling, Gustav: Artikel „Löwe", in: Universal-Lexicon der Tonkunst, Bd. 4, Stuttgart 1841, S. 451-457.

Schubart, C. F. Daniel: Ideen zu einer Ästhetik der Tonkunst, Wien 1806.

Schumann, Robert: Gesammelte Schriften über Musik und Musiker, Hrsg. v. Martin Kreisig, 2 Bd., Leipzig 1875.

Schumann, Robert: Kritik. Liederkompositionen von C. Löwe, in: Neue Zeitschrift für Musik, Bd.2 (1835 I), Nr.24, S. 95-96.

Schumann, Robert: Neue Oratorien. Johann Huß, componirt von Dr. C. Loewe, in: Neue Zeitschrift für Musik, Bd.17 (1842 II), Nr.29, S. 119-122.

Schwab, Heinrich W.: Sangbarkeit, Popularität und Kunstlied, Regensburg 1965.

Schwarmath, Erdmute: Musikalischer Bau und Sprachvertonung in Schuberts Liedern, Tutzing, 1969

Schwarz, Werner: Pommersche Musikgeschichte, Teil I, Köln 1988, Teil II, Köln 1994.

Serauky, Walter: Zu Carl Loewes Biographie und musikalischem Schaffen, in: Festschrift Arnold Schering, Berlin 1937/R1973, S. 213-222.

Siegmund-Schultze, Walther: Carl Loewe. Zum musikhistorischen Standort des großen Balladenmeisters, in: Wissenschaftliche Zeitschrift der Martin-Luther-Universität Halle, XXIII/1974, Hf. 6, S. 16-20.

Sietz, Reinhold: Carl Loewe, Köln 1948.

Spies, Günther: Studien zum Liede Franz Schuberts, Diss. Tübingen 1962.

Spitta, Philipp: Ballade, in: Musikgeschichtliche Aufsätze, Berlin 1894, S. 403-462.

Szymichowski, Franz: Johann Rudolf Zumsteeg als Komponist von Balladen und Monodien, Diss. Frankfurt a. M. 1932, Kapitel Zumsteeg und Loewe, S. 41ff.

Wellmer, August: Carl Loewe. Ein deutscher Tonmeister, Leipzig 1886.

Wiora, Walter: Das Deutsche Lied. Zur Geschichte und Ästhetik einer musikalischen Gattung, Wolfenbüttel 1971.

Vetter, Walther: Zu Carl Loewe's Balladenstil, in: Mythos-Melos-Musica I, Leipzig 1957, S. 185-191.

www.ingramcontent.com/pod-product-compliance
Lightning Source LLC
Chambersburg PA
CBHW020129010526
44115CB00008B/1043